保育のための
カウンセリング
入門 ‥‥ 福島脩美

はしがき

　今日の社会にあって、子どもたちは、身近な人々の温かい、まなざしに包まれて、心豊かに暮らしているだろうか。

　幼い子どもが被害にあう、悲しい事件が毎日のように報じられ、親は子どもに、見知らぬ他人が近づいたら逃げるように教えざるを得なくなっている。そして、大人たちは時間と情報に追われる暮しの中で、家族とも近所の人々とも、温かな心の交流の時間を奪われているように思えてならない。

　そうした中で、子どもたちの心身の健全な発達を支える保育の働きがますます重要になり、そのあり方が広く吟味されている。ここ数年の保育に関する書物と論文の数は驚くほど多く、保育者として保護者への対応が、今日的課題となっていることがうかがわれる。

　保育にかかわる人々は、カウンセリングを学ぶための基盤となる経験を豊富にもっている。そして、カウンセリングの考え方とスキルをさらに身につけるなら、これまで以上に、効果的に保護者の気持ちを理解し、連携することができる。そうして、子どもたちの心身の健全な発達への貢献の幅を広げることができる。保護者もまた、今よりも楽しく、子どもの幸せに貢献できるに相違ない。

　同じ大学で過ごした教授仲間の谷田貝公昭氏から、ひとつ、本を書いてみないかと誘いを受けた。ちょうど一区切りついたところであったから、では考えてみましょうと応えた。

長くカウンセリング心理学を学び教え、研究してきたが、その間に、いくつかの園や保育の場の先生方と親しくなり、子どもの集団遊びの研究会に参加し、教育相談のスーパービジョンを担当した。

　その頃の先生方は、いまどうしているだろうか。

　また、大学の中に教育相談室を立ち上げて、学生とともに地域の子どもと保護者の相談に取り組み、プレイルームの子どものようすを見ながら、保護者と話し合った。相談の場では、個別、あるいは数人の遊びの参加観察が基本であった。

　今回の構想の段階で、その光景が浮かんだ。あの頃、その活動に参加してくれた、たくさんの大学院と学部生の多くが、その後、カウンセリングと教育の場で仕事をしている。

　本書の刊行をお認めくださった一藝社の菊池公男社長、および、原稿の細部にわたり、点検と校正をいただくことになった、森幸一編集長と松澤隆氏に、感謝申し上げたい。

　本書からヒントを得て、保育の場でいろいろな機会をとらえ、カウンセリングの考え方を取り入れて、可能なスキルを活用することによって、子どもたちと、子どもにかかわる保護者はじめ多くの関係者の幸福な生活の道が開かれるならば、著者のこの上ない喜びである。この本が、幼い子どもたちとの日々のかかわりに役立つよう願うしだいである。

2015年7月
福島 脩美

目　次

はしがき……3

第1部

保育の場の子どもの姿をどう理解し、どうかかわるか

第1章　保育の場のいろいろな子どもの姿……14
1. 手で食べる、汚れを気にしないなど、生活習慣の問題… 15
2. 泣いて我を通す、顕著な好き嫌い、わがままなどの頑固な傾向… 17
3. 忘れ物が多い、よく物を失くすなど、注意の配分が苦手な子… 18
4. 元気すぎ、ちょっかいを出す、始終おしゃべりなど、多動傾向… 20
5. 突然走り出し、ジャンプし、大声を出すなど、一風変った子… 21
6. 些細なことでびくびくするなど、臆病で不安になりやすい子… 24
7. 保育の場で口をきかない子… 25
8. 一人でいることが多く、誘われるのを待っている、内気な子… 27
9. 先生やお母さんの追っかけばかりする子… 28
10. 言葉の遅い子… 30
11. 物の名を覚えない、数が分からないなど、学びの遅い子… 31
12. よい子過ぎる子… 33
　　◇◇◇＜この章のまとめとして＞◇◇◇

第2章　性格の特徴をどう理解し、どう活かすか……35

1 「性格」と「性格検査」、どのようなものか… 35
2 「性格」として総合的行動傾向を把握する意義… 38
3 子どもの性格をみる四つの観点… 41
　　［観点1］ほかの子とのかかわり方
　　［観点2］周囲とのかかわり方
　　［観点3］興味・関心の向け方
　　［観点4］感情の傾向

4 子どもの個性にどう理解の目を向けるか… 45
　　かかわりながら観察する
　　その子のよさと課題をその子の一部として受け入れる
　　不都合な面が際立つ場合と、比較的そうでない場合とを見分ける
　　その子にまわりの温かい目が向けられるよう配慮する
　　その子の好きな活動、よさが出る場面や関係を大切にする
　　「しか、できない」から「なら、できる」への視点転換
　　今できることから
　　常に、ようすをみながら、柔軟に
　　恵まれた子への対応の留意点
　　性格を変えようとするな、受け入れて、かかわればよい

第3章　カウンセリングの考え方による子どもへの対応……56

1 基本的な態度… 56
　　無条件の愛情のまなざし、一人の子を心から大切に思うこと
　　子どもの気持ちを最大限に尊重し、共感すること
　　あるがままに本心からかかわること

2 「プレイセラピー」と呼ばれる、子ども中心のかかわり方… 62
　　温かい親密な関係、子どもが安心できる関係を構築する
　　子どもをあるがままに受け入れ、気持ちを受けとめる
　　気持ちを自由に表現できる場と機会を設ける
　　気持ちの表現を敏感に受けとめ、感情の反映を心がける
　　状況を自分で何とかしようとするのを待つ
　　子どもの行いや会話を指導しようとしない、待つ
　　継続来室を勧め、再来を動機づける
　　相談室の取り決めは、同意の上に設け、自分の責任を気づかせる

3　子どもの成長を支える理解と援助のアプローチ… *68*
　　　　　　ゆったり、リラックスできるように
　　　　　　楽しくて、つい熱中してしまうような活動を導入する
　　　　　　自然な身体接触
　　　　　　親から子への価値の伝承と親子関係
　　　　　　「これならできる」という自己効力を育てる
　　　　　　その子の好きな活動、好きな友だち、好きなおやつ
　　　　　　長い目で、いまここからの成長を、一歩一歩の原則で
　　　　　　できるだけ、子どもが自分から動き出すようにする
　　　　　　子どもに合わせる二人三脚
　　　　　　少し戻ってまた前進、あるいは、別の道筋さがし
　　　　　　保護者を傍観者にしない、巻き込む、相互理解へ

第4章　特に配慮が必要な子の事例…… *78*

　1　二人遊びに留まる子Aの事例… *79*
　　　1）子どもの傾向と環境の要因を考える（アセスメント）
　　　2）目標と可能なアプローチの選択とその経過
　　　3）その後のようす
　2　保育の場で口をきかない子Bの事例… *80*
　　　1）子どもの傾向と環境の要因を考える（アセスメント）
　　　2）可能なアプローチの選択と実行
　　　3）その後の経過
　　　4）結果と考察
　3　友だちといっしょに仲良くするよりも
　　　　　　自分だけの遊びにこだわる子Cの事例… *88*
　　　1）相談のはじまり
　　　2）子ども理解
　　　3）家族の期待と不安
　　　4）いろいろ試みて、役に立ったかかわり方
　　　5）子どものよさと課題に目を向けるかかわり
　　　6）「遠い目標（希望）」と「今ここ」でのかかわり
　　　7）心を開き、地域の資源と結ぶ

第2部

保護者の姿をどう受けとめ、どうかかわるか

第5章　いろいろな保護者の姿……100

1. 朝の出会い… 100
2. 保護者と保育者… 102
3. 保護者の悩み、いろいろ… 103
   - 日々の子どもとのかかわりの悩み
   - 子どもの友だちづくりに関する心配や悩み
   - 他の子と比べて気になる子
   - 保護者間のつき合い
   - 夫婦、家族関係の悩み
   - 自分自身のあり方

第6章　個性理解の枠組みとカウンセリング……114

1. パーソナリティ理論は人間行動をどうみるか… 114
   1) 決定論か、選択論か
   2) 悲観論か、楽観論か
   3) 意識か、無意識か、前意識か
   4) 因果論か、目的論か
   5) 生物的決定か、社会的決定か
   6) 独自性と共通性
   7) 人間の基本的動機は何か
   8) 人はどうしたら変われるのだろうか
2. 性格の多面的総合的理解… 122
   - 向性；《外向性か－内向性か》
   - 協調性；《周囲の状況に目が向くか－マイペースか》
   - 勤勉性；《生真面目で責任感の強い人－気まぐれで、怠け好き》

　　　　　情緒安定性；《おおらか、おっとり－神経質(不安と緊張)》
　　　　　知性；《冷静沈着－こだわりと混乱》
　　◇◇◇＜総合的理解の手がかりとして＞◇◇◇

第7章　人間中心カウンセリングの理論…… 127
1　ロジャーズの人間観… 127
　　　時代的背景
　　　基本仮定
　　　自己概念（自己構造）
　　　理想自己と現実自己
　　　気づき（意識性）と心理的健康
　　　二つの重要な要求
　　　価値の条件と外的評価の問題点
　　　不適応

2　ロジャーズのカウンセリング理論… 136
　　　自己概念と経験の不一致
　　　望ましいパーソナリティ変容のための必要十分条件
　　　カウンセリングのプロセス概観
　　　カウンセリングの成果

第8章　保育カウンセリング…… 147
1　カウンセリングの定義と保育カウンセリングの特徴… 147
2　保育カウンセリングの構造… 149
　　　保護者（母親、父親、祖父母、保護施設の人など）
　　　保育者
　　　責任と役割の取り決め
　　　場と時間
　　　他の相談機関への紹介と連携関係づくり
3　保育カウンセリング過程の概観… 154
4　保育カウンセリングの目ざすもの…… 159
　　　1）昔の相談はどのようであったか
　　　2）今これからのカウンセリングとして期待される姿
　　　3）自己理解へと導く道

第9章　保育カウンセリングの進め方 …… 166

1. カウンセリング関係の設定 … 167
   声を掛ける、声掛けを誘う、待つ、受ける
   相談用件の伝達と応諾
   場所と時間
   主題への"瀬踏み"
   "役割"関係の設定
2. カウンセラーとしての自覚 … 169

第10章　保育カウンセリングにおける基本的技法 …… 174

1. 関係づくり（場面構成、取り決めなど）… 174
2. 理解の交流（話すよう励まし、傾聴し、理解を伝える）… 178
   1）質問技法
   2）伝え返し（応答）技法
3. カウンセリング面接における基本的技法の実際 … 187
   【演習】やってみよう、感じてみよう、自然な距離 … 190
4. 非言語的コミュニケーション … 191
   【演習】「話し手」役、「聴き手」役を決め、二人以上で演じる … 192
   保護者から保育者に「こんにちは」と挨拶する
   保育の場での子どものようすを話す
   保護者として子どものようすについて話す
5. ラポート（信頼関係）の形成 … 195
   1）保育者が、保護者の子育てに疑問や不安を感じている場合
   2）保護者の側に、保育者への疑問や不安や不信感がある場合
   3）子どもの状態に何らかの不満があり、心が晴れない保護者に
   4）カウンセリングについて、大きな誤解がある場合
   5）自罰的態度による変化への抵抗にどう対応するか
6. 質問と応答（伝え返し）の連鎖 … 200
   1）カウンセラーの質問とクライエントの応答
   2）クライエントの質問とカウンセラーの応答の連鎖
   3）クライエントにカウンセラーから提案する場合

    7 「共感」と「同情」の違いを自覚して… *204*
    8 言い換えと要約… *209*
        1) 言い換えについて
        2) 要約について

第11章　保育カウンセリングの一歩進んだ技法… *216*

    1 カウンセラーの率直な自己開示（ひかえめに、かつ率直に）… *217*
    2 矛盾に気づくように働きかける… *220*
    3 焦点化と意味の反映… *222*
        1) 焦点化
        2) 意味の反映
    4 心の場の探索と内的モデルの再構成… *232*

第12章　積極的援助のカウンセリング…… *234*

    1 カウンセリングにおける二つの大きな流れ… *234*
    2 さまざまなアプローチ… *236*
        身体からほぐす（筋肉運動と自発性と人間交流）
        遊びの中で学ぶ自発性と他者とのかかわり
        不安や恐れへの取り組み
        知的活動への取り組み
        社会的関心と友だちづくり
    3 寄りどころとなる基礎理論… *241*
        感情のコントロール
        行動形成
        モデリング
        認知と行動の相互作用

引用・参考文献 …… *248*

装丁・本文イラスト　アトリエ・ブラン

第1部

保育の場の
子どもの姿をどう理解し、
どうかかわるか

保育の場の
いろいろな子どもの姿

　保育の場は、今日、子どもの多様性に振り回される場でもあるといえる。いろいろな子どもの姿を、保育の場で、どう的確に把握し、適切に対応するとよいのだろうか。

　保育の場に散見される子どもらの姿をいくつか挙げて、そのような子に保育の場でどういう対応が考えられるか、比較的一般的な対応の際の心がけについて説明する。

　しかし、それらの子どもの姿への対応の例は、必ずしも最適な対処方法ということではない。なぜなら、一人の子の行動のようすと性格や環境面について実際によく調べて、具体的に検討することなしに、最適な対応策を明確に打ち出すことは困難であるから。

　たとえば、ある子がある保育者にべったりになっているとして、その背景に何があるか、よく調べてみないと、どう対応したらよい

か判断ができない。

　たとえば、家族の間で何か辛いことが続いて、苦しさを訴えたいのかもしれない。そうではなく、若い保育者の愛情をひとりじめしたいだけなのかもしれない。

　また、その後の経過の中でも、子どものその後のようすを見ながらの対応が必須である。

　本書の中では、特定の子どもとその家族について、詳しく面談するわけにはいかない。そのかわり、「このような子どもであれば、大まかにいえば、こうした対応が比較的、無難ではないか」という見通しのようなものを示すことはできる。そのような一般的な対応について、なるべく具体的な子どもの姿を示しつつ、対応のあり方を例示することにしたい。

　以下に示す子どもの姿と対応のあり方については、例示について、そのような幅のあるものとして受けとめていただきたい。

1 ◇◇◇◇◇
手で食べる、汚れを気にしないなど、生活習慣の問題

　こうした子どもの姿は、清潔好きな日本の文化の下では、重大な生活習慣の問題として受けとめ、
「親のしつけができていない、だらしない親子だ」
と決めつけて、その親子から距離をおく傾向がある。

　保育者にしても個人的に清潔習慣を大切にしていることだろう。しかし、保育者としてはどの親子にも、親しくかかわらなくてはならない。

このような子どもがいたとして、もしもマイナスの視線を向けるならば、そのことで関係性が損なわれ、その子の行動は、保育の場でも、問題をさらに顕在化させ、その解決は困難になるだろう。

　このごろの子どもをもつ家庭では、父母ともに仕事に追われて、家族がそろって同じ時間にいっしょに食事を楽しむような余裕のない場合が多い。また、昔は祖父母がいつも家にいて、孫の世話をやいてくれることが多かった。しかし、今はそうではない。

◆保育者に期待されるものは何か

　最近では、日々の暮らしの中で、朝から晩まで子どもといっしょに過ごすことができる保護者は少ないのではないか。

　仕事も、高齢の親をみるのも、自分の生きがいづくりも、友人知人との親交も、保護者にとっては大切な時間である。

　それゆえ、保護者を呼んで、清潔の習慣を大切にするよう求めることができるだろうか。安易にそのような対応を試みたことから、大きな問題が次々に派生することになった例もある。

　保育者として、どういうかかわりをすることがよいのか。

　保育機関として、保護者とどうしたら適切な理解、協力、連携の輪を広げることができるかが大切な時代に、私たちは生きている。保育者に期待されるものも、そのあたりにある。

　そして子どもたちは、昔よりも活動的で個性的である。何かと手のかかる子どもも少なくない。子育ての苦労は、昔よりも大きいと言わざるを得ない。

　そうした時代の保育者への期待は大きく、それだけ、苦労もやりがいも、かつてなかったほど大きいといえる。

2◇◇◇◇◇
泣いて我を通す、顕著な好き嫌い、わがままなどの頑固な傾向

　このような子に、周囲はどうするだろう。

　いっそう厳しく叱って押さえ込もうとするが、それで収まることは少ない。また、一時は制止しても、次には、もっと頑固さが増す。そうした悪循環の結果が、今のこの子の姿かもしれない。むしろ諦めて待ってみる方がましかと思えるときがある。

　たまたま別の子どもが起こした小さな事件にかまけていると、当の頑固者は先ほどまでの騒ぎをケロッと忘れて、保育者の傍に来ていたりするのである。そういうときは、

「相手にならない方がいい。しばらくすればおとなしくなるから」

　という人がいるが、保育の役割を担っているものとしては、放っておくわけにもいかない。

　子どもの困った習慣的な行動を、どうすればもっと適切な行動に変わるのだろうか。

　これまでとは異なるかかわり方を、考える必要がある。

　この子は理解を求めているのだ。頑固な子は自分でも困っているのかもしれないのだ。それでよいと思っているわけではなかろう。

　本人も困っている。保護者も困っている。保護者と保育者の理解と連携が、今まさに必要になっている。保護者の困り具合に耳を傾け、何かの改善策を模索するべく話し合うことが、理解と対応の第一歩であろうか。

◆「私を見てね、合図してね」

三段階の対応努力が求められる。

①まず、前兆をつかむ、注目を他に移すようにする。子どもの好きなことへ。また、その子のよい所を指摘し、認めたりする。

②すでに、かんしゃくが始まってしまったら次の段階、気持ちの上で少し距離をおいて、収まるのを待つ余裕がほしい。

③そして落ち着いたところで、抱きしめたり、手をつないだりしながら、言って聞かせて、次のかんしゃくを起こしそうになったときの対応の手がかりを、共通理解する。

この③の段階が、特に重要である。たとえば、
「あなたが泣き出したくなったら、私を見てね、合図してね、それを見たら、そばに行ってあげるからね」
というように。このような試みについて、保護者といっしょに話し合って、その子に適した対応をしていきたい。

3

忘れ物が多い、よく物を失くすなど、注意の配分が苦手な子

何かに気をとられると、他のことに気が回らない。

トイレに行こうとしていたのに、ボールが転がってくると、排尿を忘れる。そして、次に尿意を感じたときは、もう間に合わない。

トイレから出て面白そうな本を見つけると、手を洗うことを忘れて、本棚に走る。

一見、だらしない子にみえるかもしれないが、他の面ではいろいろよい面を見せる。忘れ物は、誰にもある。むしろ、一つのことに

注意を集中できるという良さでもある。しかし、程度が問題である。

　保護者としても保育者としても、こういう子どもには、ついつい口がすっぱくなるほど注意する。しかし、いつも注意され、叱られて自信をなくすようなことがないようにしたい。

◆目の前のことに注意を向かわせる手助け

　一区切りした段階で、どうしたらよいか、ちょっとしたヒントを出して、自ら気がつくように指導することが、一つの対策であろうか。

　たとえば「あ、今、何をしているのかな？」と声を掛けて現実の目の前のことに注意が向かうように助けたい。

　たとえば「ほら、みんなは手を洗いに行っているよ」とか、「お道具はどこに置くんだったかな？」などと。

　あるいは「さあ、お帰りの時間だ」と言いながら、その子を見ながら、「何か忘れものはないかな？」と問う。

　このようなヒントを出して、それを機に、子どもが「あ、そうだった！」と気づく。

　そして保育者は、「そうだったね、よく気がついたね！」と子どもが自ら気づいたことを、褒めてやることができる。

　このような指導の実際について、父母と相談して、その子どもに適したやり方を工夫することにしたい。その子とその家庭にもっとも適合する、だから効き目のある対応の仕方を見つけることが大切である。そして、その子なりに必要な気配りができるようになったことを高く評価して、自信をもてるようにしたい。

　先輩保育者や子育て経験の豊富な保護者と話し合ってみると、いろいろな知恵が出てくるものである。

4
元気すぎ、ちょっかいを出す、始終おしゃべりなど、多動傾向

　このごろ、このような子どもの姿が特に目立つようになった。

　乳幼児期から児童期への時期の子どもたちは、活動的である。小さい体にエネルギーをためて、いろいろなものに興味をもって活発に行動する時期であり、概して、やや多動的な行動傾向を示すものである。そして、そうした発達段階の時期には、自分を抑える力が弱く、いくぶん度が過ぎた多動傾向の子どもが目立つようになる。

　私たち大人は、どうか。

　昔の大人にくらべて、何倍も忙しく暮らしている。勤め先では、海外との交信のために、深夜や早朝にコンピュータに張り付いて、ネット上のデータを睨(にら)み続け、その間にもEメールに、電話連絡にと、忙しく対応している。休日には、家族サービスにあちこちへ出かけ、家にいては音楽を聴きながら、テレビでサッカーを観戦し、手元はスマホを操っている……という具合で、結構多忙な生活が習慣化している。

◆きっちり筋を通すことも必要

　子どもたちは、そうした大人たちの影響に加えて、テレビアニメの激しい動きと音にさらされている。今日の社会の刺激過多、変化の激しさなどが子どもにも大きなストレスとなり、それが、このごろの子どもの多動の背景にあると指摘する意見も聞かれる。

　職場では、健康体操とか瞑想の時間を取り入れるところがあり、ストレスによる緊張を緩和することで、生産性が上がるという話も聞く。

園でも、また家庭でも、静かな時間を積極的につくる試みが行われている。静かにお話を聞く時間、横になって睡眠をとる時間など、そのようなとき、なかなか静かにできない子、薄目を開けてようすをうかがっている子もいる。

　そうしたとき、優しい対応とともに、決まりとして、きっちり筋を通すことも必要なようだ。また、リズムに乗って、活発に体を動かして汗をかく時間についても、いろいろ工夫されている。

　なお、特に顕著な多動傾向が収まらないようなら、教育相談所などの発達相談や、専門心理相談を薦める必要があるかもしれない。

5
突然走り出し、ジャンプし、大声を出すなど、一風変った子

　「この子は変な子、理解しにくい子」という印象を周囲に与えてしまって、心の通うかかわりを周囲から呼び起こせない子。

　そして周囲は、その子にどう対応したらよいか戸惑う。そのような子どもがいる。

　園にやって来ると、教えられたままのような口調で型どおりの挨拶をする。家で教え込まれ、練習してきたのかもしれない。しかし、視線が合わない、表情が読めない。すると周囲は戸惑いを感じて、距離を置くことにもなる。

　当の子どもも家族も、まわりが温かくかかわってくれることを心から願っているのに、当人も周囲もどうふるまったらよいか、戸惑っていて、その気持ちを適切に表すことができない。

　無口な子も、おしゃべりの多い子も、どのような子であっても、

まわりの人に「わかってほしい、でもわかってくれない」という思いを、もっているものである。しかし、たいがいの子は、その不満を親に、先生に態度と言葉で伝えることができる。

ところが、今とり上げているこの一風変った子は、適切な態度や言葉で自分の不満や願いを他の人に伝えることが苦手である。そして、とりわけその思いを強く長く抱き続けて苦しんでいる子が、このタイプの子どもであると言えよう。

◆**自然な態度で傍にいること**

この子は、誰ひとり、お母さんやお父さんや先生でさえ、分かってくれないという辛い思いを抱えて、その特徴ゆえに心の交流をもちにくい状態のまま、成長するかもしれない。

このような子どもに、私たちはどうかかわったらよいのだろうか。

まずは、無視をしないこと、また、変わり者を見るような好奇心でなく、異星人を見るような怖がる視線を送るのでなく、あるいは、非難がましい態度をとるのでなく、また相手を質問責めにしたり、命令的な指示を出したりするのでなく、ごく自然にかかわること。

たまたま身近な友人が半分困惑しながら、無関心を装ってそこにいる、そのような心積もりで、ごく自然な態度で、この子の傍にいることが、まずは大切であろうか。

また、無視や非難とは正反対の、笑顔と温かい視線を向け続けること、見放して遠ざかるのでなく、この子とともにあること、寄り添うことが必要であり、その上で、どういう理解と交流のチャンネルを開くことができるかを考え、可能なチャンネルを開くようにしたい。この子も実は、この子なりの仕方でまわりの活動に注意を向けているのであるから。

◆ザリガニがとりもつ会話

　そのチャンネルは意外なとき、意外な形で開くことがある。

　ある4歳児Yの場合は、保育所にやって来るとまっすぐにザリガニの水槽に行き、しばらくそこを離れない。そこにはもう一人、ザリガニ博士Zがいて、この子もまたザリガニの友だちのようであった。ある日、やって来たYが落ち着きなく騒ぎ出した。水槽には今にも死にそうなザリガニがいて、その横には、今にも泣きそうなザリガニ博士Zがいた。保育者が「どうしたのかな？」と、Zに尋ねたところ、Zは「もう死んでしまうんだよ」と言う。

　しかし、Yは強く首を振って、納得しないようすである。保育者が「このザリガニは弱っているのよね、病気かしら？」と、独り言を言ったところ、Yははっきり首を振り、保育者を見つめた。三人で病気のザリガニを水槽から出して、紙の上に寝かせてやった。集まってきた女児たちが、ザリガニと、YとZに温かい声を掛けた。

　この事件から、Yは徐々にではあるが、保育者にもZにも、他の子にもかかわりをもてるようになった。

◆「連携」とは「そちら任せ」ではない

　何かのきっかけで、心の交流の端緒となった経験がいろいろ報告されている。ある子は音楽が、また、別の子は好きな色の絵の具を塗る活動が、コミュニケーションの端緒となり、他の子どもといっしょの活動に少しずつ参加するようになり、その子の特徴がまわりから理解されるようになった。

　今日の社会は、子どもの問題が多様化し、複雑化している。このような子に限らず、子どものようすによっては保育者が丸抱えしないで、相談し、紹介できるような連携先を確保しておくことが必要

になっている。「連携」とは、紹介して、そちらに任せてしまうことではない。情報を共有して、それぞれの場のかかわりを工夫する手がかりを得ることが肝要である。

6
些細なことでびくびくするなど、臆病で不安になりやすい子

　はじめての人や場面、目新しい事物に出会うと、体を硬く緊張させ、こわごわ、びくびくふるまう子がいる。

　子どもは泣くことが多いもので、泣き方にも特徴が出る。ある子は大声で、またある子は相手を叩きながら泣く、また、ある子はしゃくりあげて悔し泣きする。ところで、不安の強いこのタイプの子は声を殺してシクシク泣く。あるいは、悲しそうにメソメソ泣く。

　このような子どもにも、元気の出る何かがある。

　たとえば、ドラえもんグッズを手に持てば、暗がりに一人でいることだってできる。まずは、そのような元気の出る場と機会を広げる試みを、したいものである。

◆情報管理は慎重に

　優しいお兄さん保育者や元気で楽しいお姉さん保育者が、そっと話しかけてかかわると、子どもの声がだんだん大きくなる。そして、好きな漫画やお話のこと、お母さんが怖いこと、時々叩かれること、お父さんは酒飲みで怖いけれど、お母さんが追い出してしまったことなど、いろいろなことを話してくれる。

　これは、その子との間の秘密であると思うことが、基本である。ほかの誰かに話したことがわかると、子どもは裏切られたような気

持ちになることがある。情報の扱いには慎重でありたい。

　虐待や家族間の争いなどについて話を聞こうとすると、口を閉ざすことが多いが、優しい聴き手が子どもの不安をほぐすようにかかわることを重ねれば、しだいに心を開くようになる。

　もちろん慎重に情報管理すること、むやみに口外しないことが肝要である。

　このタイプの子どもは、園では静かなおとなしい活動には乗るが、活発な騒がしい活動にはとりあえず、躊躇(ちゅうちょ)することが多い。怖がりで臆病な子は、その傾向のゆえに、新しい経験に立ち向かうことをためらい、そのため、友だちづくりにも遅れをとることが多い。

　保育者のきっかけづくりと仲立ちが、必要になる場合が多い。そうすることによって、友だちとの交流という社会性の育ちを援助することが保育の仕事となる。

7

保育の場で口をきかない子

　園で、ほとんど、あるいはまったくしゃべらない。名前を問うと答えない。

　「○○さんでしょ？」と聞くと、こっくりうなずく。

　保護者にそのことを言うと、「家ではよくしゃべる子ですよ」という答えが返ってくる。確かに自宅ではしゃべっているようである。

　それなら、慣れれば話してくれるだろうと待っても、一向に話をしない。多少柔らかい身のこなしになり、先生の傍にきて何か言いたげなこともある。

しかし、質問しても、言葉で応じることはないままである。

家では元気に歌を歌い、弟を泣かせ、母親に食ってかかることもある子なのに、園に来ると口を閉ざしてしまう。ほかの社会的な場でも口を閉ざす。このような子は、沈黙する場面が選択的であることから、「選択性緘黙（かんもく）」、あるいは「場面緘黙」と呼ばれる。

◆「そう」よりも「ちがう」が声に出やすい

このような子に、保育者はどうかかわることがよいのだろうか。

①話をするようにと、強制しないことが第一である。毎日「明日は話そうね」と言われ続けて、ロボットのような硬い身のこなしと表情になってしまった例がある。

②話をしなくてもいいという態度でごく自然にしていると、表情が緩む。

③他の子どもたちといっしょに、動作で遊びに参加できるようなら、みんな一斉に動作に添えて声を出す遊び「大きな象さん、のっしのっし、小さいリスさん、ちょろちょろちょろ」で、動きに連れて、小さな声が出ることがある。

④もし言葉が出ても、それとなく笑顔を向ける程度にして、大げさに注目しないことが肝要。

⑤質問をしてもよさそうな雰囲気になったら、保育者がちょっとした見当違いな質問（「お誕生会は、あしただったかな？」とか）をして、その子が「ちがう」と、思わず言うような場面づくりをしたい。「そう」よりも「ちがう」が声に出やすい。

⑥また、覚えた簡単な言葉を話す劇のようなものにも参加できるようになる。

⑦そして、やがては自由な会話も少しずつ可能になることが目標

になる。このような無理のない、一歩一歩の過程を焦らず積み重ねることが、やがて成果を挙げる。

8
一人でいることが多く、誘われるのを待っている、内気な子

　子どもは幼いなりに周囲の様子に注意を向け、周囲に働きかけて成長していく。その基本は、社会とかかわる姿勢である。

　社会とかかわることに消極的な子どもは、仲間づきあいを学ぶ機会が少ないことになる。あるいは、いつも受け身のかかわりにとどまることにもなる。

　保育の場は、子どもが社会性を身につける最適な場である。もしも保育の場でも、人とかかわることがないままであれば、その子にとっては、たいがいの集団の場は緊張や退屈の場になって、ますます人とのかかわりを億劫がる子どもになってしまうかもしれない。父母と保育者との相互理解と協力によって、社会性が育つような配慮と指導が求められる。

　内気な子に適合するのはどういう集団か、いろいろな理解と指導の場と方式がある。まず、集団の規模と構造についていえば、大きな集団よりも小さな集団、できれば2人の関係から徐々に数人へ、そして、いろいろな規模に応じて対応できる子どもへと、進めていく。その際、構造がゆるいか、硬いかが大きく影響する。

　参加したり離れたりが自在な、ゆるい集団を好む子が多い。また、役割と期待の仕組みがきっちりと決まっている集団では、参加への負担感が伴うが、自分の役が明確な方が参加しやすい子もいる。

◆仲間づくりにも手順がある

　構成員の特徴についていえば、仲良しの子がいてくれると参加しやすいが、怖い子や苦手な子がいると、ためらいが大きくなる。

　構成員の代表の一人が、保育者である。園もまた、集団活動の場である。その場に、もしも大好きな先生の存在があれば、その人の魅力によって、たとえ内気な子であっても、参加への動機づけが高まる。活動の内容と性質については、好きな活動や得意な領域であれば、参加しやすいが、不得意なことがあれば、自発的に参加するには抵抗感が生まれる。

　また、仲間づくりの手順ということがある。少しずつ、徐々に集団の規模や活動や参加メンバーが広がっていくような手順であれば、参加することによって、社会性を学ぶことができる。

9
先生やお母さんの追っかけばかりする子

　「ママー、ママー」とお母さんを呼び、スカートやエプロンをつかみ、離れようとしない子がいる。いわゆる甘えん坊である。

　その子が園に来ると、「先生、先生！」と呼びかけ、真っ先に駆け寄ってくる。保育者にしてみれば、よくなついてくれてかわいいと、初めは、思う。

　しかし、集団保育の場では、「先生」は"みんなの先生"である。一人の子にまとわりつかれていると自由に動けないので、保育者は何とか、その子が自分から離れて、仲間と遊ぶべく働きかける。

　すると、いくつかのタイプに分かれる。

いつの間にか保育者から離れ、自然に仲間や遊びに向う子、保育者が上手に橋渡しをすることで、仲間との活動を楽しむようになる子、保育者を探しながらも仲間遊びへと関心を移していく子。この子らは、園のおりこうさんである。

　一つには、頼りにしたい先生の意図を感じ取って、二つには保育所の活動と仲間をみつけて、スムーズに興味関心の対象を広げ、移行できる、健康な成長を示す子どもともいえる。

◆「この子を離したくないという何か」が働いてないか

　ところが、保育者が離れようとするのを感じとると、保育者にいっそうしがみつく子がいる。

　移行手続きの開始と手順が、その子にとっては性急に過ぎた感があるかもしれない。あるいは、強い不安感があって、依存対象から離れることも新しい対象を見つけることもできないでいる、のかもしれない。

　いずれにせよ、急がず、ステップを踏んで、漸次（ぜんじ）、安心して離れられるように、手順とチャンネルを工夫していくことが肝要である。

　その際、安心感を促進するような何か、たとえば保護者が作ってくれたブローチを付けるなどの、補助的な安心刺激を活用することもよいだろう。

　また、めったにないことであるが、保育者の心に「この子を離したくない」という何かが働いていることがないかどうか、内心をよく吟味することも必要になるかもしれない。

　人は誰でも、何かに心を結び、そこから次の対象へと移行していく。そのような移行対象の広がりが、成長の過程であるといえる。

10
言葉の遅い子

　成長とともに、子どもの言葉が増えていく。その過程で言葉の発達に大きな個人差がでる。

　歩くよりも先に話し始めるようになる子、「この子は口から先に生まれたのかしら」と驚かれる子がいるかと思うと、立ち歩きするようになっても、なかなか話すようにならない子がいる。

　保育の場でも、流暢に話し、友だちともおしゃべりを楽しむ子がいる。

　その傍には、自分の気持ちを言葉で表現できず、保育者の質問にも適切に応答することができず、ついつい、乱暴な行動に出てしまう子、あるいは消極的になっていく子がいる。

　経験を言葉で表現し、言葉によって意思を伝え合うことができるようになることは、社会生活を営む上でとても大切なことであり、保育の場でも、言葉のやりとりの重要度は子どもの成長につれて増していく。

　言葉が出やすい基礎的条件がある。身近な大切な人から愛され、好かれていると信じられること、その生活の場で快適な気分でいられること、不安や緊張とは反対の安心感があって、心身ともにリラックスできること、明るい気持ちでいること。

　そして幼いなりに「私はよい子／ぼくはよい子」という肯定的な自己概念の素をもっていること、そして何か、好きな活動に自信をもって取り組んでいることなど、心の安定が基本的に充たされていることが必要な条件となる。

◆気持ちを表現したくなる経験の積み重ね

楽しいとき、元気なときだけではない。辛いこと、悲しい経験を言葉で表現して理解され、通じ合い、受け入れられること、さらに身近な人に自分の気持ちを表現したくなるような経験、たとえば、好きなスポーツや昆虫の知識を開示して、その話に耳を傾けてもらえることなど、こうした経験を積み重なることが、大切になる。

言うまでもなく、耳からの言葉の入力が継続的になければならないし、自発的に話すことの喜びと、話して通じ合える経験の、不断の蓄積も不可欠である。"聞こえの教室"のような専門的相談が必要な場合もある。

11
物の名を覚えない、数が分からないなど、学びの遅い子

人間の子は生活の中で、実際の対象とかかわることで、知恵を身につけていく。赤ちゃんは哺乳を受けながら、もっとも適切な吸い方をごく自然に学び、もう十分と感じれば乳首を押し出す。二歳児は体の自由が増して元気に飛び跳ね、瘤をつくって、慎重に状況を見ることを学ぶ。

こうして、実物を扱うことで知識を増やし、物と物との関係を学ぶ。たとえば、一つのみかんを割って左右に分けると、二つになる。

右か、左か、どちらを取るか選ぶが、兄の選んだ方が大きそうだと、弟が言う。中の房を調べてみたら、やはり、兄の房の方が多そうだ。ためしに、上下2段に並べて1対1の対応を調べると、兄の房が一つ余る。

こうした実物の経験をもとに、子どもは、数の理解を獲得していく。何が今、大切なのか。数と言葉を教え込むこと、ではない。

実物を操作する経験、物を集めたり分ける経験、お菓子屋さんでいっしょに買い物をして、ケーキを四つ、家族の分だけ買ったなどの生活経験。

言葉と数が、実物の姿とどう結合しているか、具体的に経験をして、分かるような手伝いをすること、実際の物の代わりにその物に名前を付け、記憶し、そのイメージを頭の中で、合わせたり差し引いたり、並べたり比較したりできる能力。それが発達することが、大切である。

◆遅い早いの個人差を生む要因とは

知的能力の発達にも、遅い早いの個人差がある。

ある子はゆっくり、またある子は早くから能力を発揮する。また、到達する水準の高さにも個人差がある。こうした知的活動に促進的に、あるいは抑制的に作用する要因がある。

①興味をもって新鮮な関心を向けるか、それとも、関心がもてず、いやいや取り組むかどうか。

②自分にはそれができるという「自己効力感（自己可能感）」をもてるか、それとも、自分は苦手だという否定的な構えをもってしまうかどうか。

③愛情のまなざしの中で明るい気分でいるか、それとも、何か悲しいことや重大なことに心を奪われてしまっているかどうか、などに、特に重視したい。

12 ◇◇◇◇
よい子過ぎる子

　保育の場には、優等生的な子がいる。先生になついている。
　こちらの意図をさっと理解し、指示に忠実に従い、むしろ協力してくれる。決してわがままを言わず、楽しげな表情で、親しみのある視線を向けてくる。
　しかし、保育にかかわる者として、ふと思うことがある。
「この子は、自分で自分を縛っていないだろうか」
　お母さんや先生に、気に入られることがうれしい。お友だちが喜んでくれて、いっしょに遊んでくれると楽しい。その気持ちのゆえに、まわりの期待に応えようと、自分をいつの間にか二の次にして、自分の内側から湧いてくる気持ちを控えてしまっているのではないか、そう思うことがある。
　もっとわがままが出てもいいのではないか、どことなく窮屈そうだ、幼い子なのに遠慮深く、おとなしすぎる。もっと枠を緩めた方がいきいきとできるのではないか、そういう印象をもつことがある。いわゆる"よい子過ぎる"印象の子である。
　そうかといって、もっとわがままになれというのは、かわいそうだ。保育者として、その役は到底とれそうにない。

　　　　　　　　　　　　　　◆「枠を破る機会」を見逃さない
　では、どうしたらよいのか。
　保育の場での日々のかかわりの中で、そうした子が、辛い思いをこらえることがある。乱暴な子に積み木を壊されてしまった、頭に砂をかけられた。そういう出来事が、きっと起こる。

そのとき、保育者が相手の乱暴な子を注意し、この子がうれしそうにする、というシナリオは、決して望ましいものではないかもしれない。その子に"枠を破るよい機会"が訪れたとみなして、自己表現を支えてやりたいものである。少しずつでも。

◇◇◇＜この章のまとめとして＞◇◇◇

　いろいろな特徴のある一人ひとりに温かい視線を向け、子どもの内なる成長の力を信じ、無理のない一歩一歩の、緩やかな指導的かかわりを続けること。
　それが、カウンセリングの基本態度に重なるものである。

第2章

性格の特徴を
どう理解し、どう活かすか

1
「性格」と「性格検査」、どのようなものか

　前の章で見てきた子どものいろいろな姿には、その子の特徴的行動傾向としての「性格」が、なんらかの関係をもっていると考えることができる。

　「性格」とは、個人を特徴づける持続的で、一貫した行動様式を指す言葉である。個人の生まれながらの素因が、生活経験の中で社会的、文化的環境と出会って、個性的な行動の傾向として表れたと、考えられる。性格は、一人ひとりの特徴的行動の傾向を総合的に表すもので、環境に対するその人らしいかかわり方、適応の仕方の特徴を表していると考えられる。

性格をみるためには、大人であれば、一組の質問を用意して、それに対する回答を整理する。たとえば、「あなたは陽気な方ですか」「何かにつけて心配になることがありますか」など。

　こうした質問に対して「はい」「いいえ」で、あるいは「そう思う」程度を５段階で評定するよう求める。その結果、一定の統計的処理を経て、「あなたの結果は、一般に比べて社会的外向性の程度が、かなり高く、気分についてはいくぶん悲観的な方です」などと、結果が図や表によって示され、あるいは説明を受ける。

　このことから分かるように、性格とは、行動の一般的傾向の要約的記述に過ぎない。本人が答えたものに基づいているから、ある程度は意図的に結果を操作することもできる。

　かつて、無意識的衝動や願望を測ろうとして、質問紙法によらない性格検査が作成されたが、その検査が何を測っているのか（妥当性）や安定したものか（信頼性）という点で、いろいろな疑問も出ている。

　それゆえ、性格検査の結果は、ある人の行動の特徴（手づかみで食べる、大声で泣く、など）の原因とみることはできない。いわばそうした特定の行動の傾向を含む、より広い性格の全体像を知って、総合的に人の行動傾向を理解することによって、当該行動の理解と調整のためのヒントをつかむことに意義がある。

◆**幼い子どもの性格を総合的に把握する方法**

　ところで、保育の場では、子どもの性格をどう把握するのか。

　大人に対するような質問項目を用意して、本人に答えさせることはできない。

　幼い子どもの性格を総合的に把握するには、三つの方法がある。

第一は、子どもの日常のようすについて、保護者面接の中で聞き取る方法。保護者の眼を通して、子どもの性格の表れの姿を知る方法である。保護者と子どもとの関係に大きく頼る方法であるが、そのような関係性の下での子どもの姿について、もっとも簡便に知ることができる。保育者と保護者に間の定期的面談の折などに、頻繁に行われる方法であり、子ども理解の重要な手立てとなっている。

　第二は、母親や父親（保護者）に、子どものふだんのようすについて「あなたのお子さんのふだんのようすについてお尋ねします」として、一組の質問項目を用意する方法。

　たとえば「すぐ怒り出す」とか「心配性で親から離れない」などの項目を示し、該当する行動が「よく見られる」「めったにない」などを、答えてもらう。この場合、保護者の判断の傾向（細部にこだわる、厳しいなど）や、期待と願望などが含まれた上での子どもの行動の傾向が、結果として表されることになる。

　そうした親の傾向や、親子の関係性を含めたものとして結果を理解することに、意義があるといえる。

　第三に、保育者による観察が用いられる。ふだんの保育の中での印象や、保育者としての経験を踏まえて、園児の行動の傾向に関する一組の観察項目を用意する。

　たとえば、「明るく元気である」か「伸び伸びしている」などの項目について、「はい」か「いいえ」で答えてもらう。

　あるいは、「とてもそう思う」「ややそう思う」「どちらともいえない」「どちらかといえばそう思わない」「まったくそう思わない」などの同意段階のどれかに、○印をつけて答えるよう求めるものである。

◆同じような方法を反復してみる

　前ページの、第一や第二のような、親などの保護者から得られるデータは、主に家庭における子どもの行動について、保護者の目を通して得られた評定結果が示される。

　また、第三のような、保育者から得られるデータは、園での子どもの行動のようすに関する、保育者による観察の結果である。

　保護者から得たデータと保育者による観察データは、それぞれの異なる場と視点によるものであり、何らかの相違がみられるもので、結果を総合的に活用することによって、一人の子どもの性格の全体像を大づかみに理解することができる。

　このような観察によるデータは、同じような方法を反復してみれば、評定の安定度（信頼性）が分かる。また、実際の子どもの行動のようすと照合することや、他のいろいろなデータとの比較が可能であれば、観察データの妥当性も吟味することができる。

2
「性格」として総合的行動傾向を把握する意義

　性格をみることの意義は、二つある。

　一つは、当該の「行動（すぐ泣くなど）」に関連すると思える、情緒安定性や不安傾向に関する行動を調べることで、その行動が特定の保育の中でのみ表れるのか、もう少し広くいろいろな場面でも同様な行動がみられるのかどうか、その子の日頃のいろいろな行いを広くみていくことで、吟味することができる。

　そのような広範な行動の姿を実際に観察することに代えて、ある

いは補う形で、性格検査の結果（情緒安定性や不安傾向）を吟味することによって、その問題にその子の性格的背景がかなりあるのか、むしろ、その場の事情に限定されるものなのかを、判断する手がかりになる。

いわば、その「行動（すぐ泣くなど）」が、その場その時の状況に起因する程度が大きいのか、それとも、その子の比較的広がりのある性格的傾向の表れであるかを判断することができる。そして、その子のその場での行動への対応のあり方を、考えることができる。

◆日常の観察を補うための「性格検査」

もう一つは、ある特定の行動に関連のありそうな性格特性（情緒安定性）だけでなく、もっと広く性格の全体をみることができると、さらに理解と指導に役立てられる。

たとえば「すぐ泣く」子どもへの適切な対応のあり方を考える場合。性格検査によって、不安になりがちな性格面が背景にあるかどうかをみるだけではなく、活動性や外向性の面でも特徴があることが分かると、体を動かす活動を通して友だちづくりを進めることによって元気になって、すぐ泣くことが少なくなるのではないか、というヒントが得られる。

つまり、一人の子どもの多面的性格を知ることによって、その子の弱み（気の弱さ）を克服するための強み（活動的で他の子に関心が強いこと）を活用できる。そのヒントが得られる。

このようなヒントは、性格検査がなくても、多くの保育者がふだんの保育のかかわりの中から、観察し、活かしているに相違ない。そうしたふだんの観察を、自分の中だけに限らないで、職場の話し合いの中で共有することによって、そして、そのような日常の観察

を補うものとして性格検査があると考えることによって、より妥当な、より適切な対応を構築する素材となる。

◆家庭での子どものようすを知る重要さ

　保護者からの情報も、子どもの性格面を知る大切な手がかり情報になる。何かにつけて怖がって保育者にまとわりつき、他の子どもとの遊びの輪に入ることにためらいをみせる子がいる。

　保育の場でみられるこのような行動に、どう援助のかかわりをするとよいか。それを考えるにあたって、この子の家庭でのようすについて、特定の問題に関連の強そうな性格面だけでなく、この子の行動の全般的傾向に、それにかかわる性格面に目を向ける必要が起こる。

　この子の問題に関連した性格面が現れているのか、それとも、園の雰囲気になじめなく、若い保育者に甘えているようにもみえる。

　では、この子の家庭での姿はどうなのだろうか。家でも怖がってお母さんに甘えるのだろうか。近所の友だちとはどうなのだろうか。

　保護者面接によって分かったことは、家では、お母さんの首にしがみつくようなことは、まったくない。すぐ下の妹がいるから、そんなことはできないと言う。親の観察による性格のデータは、近所のお母さんに甘える、誰とでも親しくなってお菓子をもらったりするなど、心配なほど社交的であることが報告されている。

　こうしたデータに加えて、保育者の観察でも、若い保育者への甘えとしてこの子の行動を理解することができたのであった。

　一般的に言って、家庭での子どものようすを知ることは、保育の場における子どもの理解と対応に、重要な情報であるといえる。

3
子どもの性格をみる四つの観点

　従来の性格研究は、大人や児童を対象にした質問紙法によって、「社会的外向－内向」と「情緒安定－不安傾向」の二つの因子が共通して認められている。

　ほかに協調性、勤勉性、知性を加えた五つの因子が Big Five として広く認められている（これについては第2部でも取り上げる）。

　本章では、著者が幼稚園から小学校までの子どもの遊びのようすを観察した中で得た四つの軸をもとに、園における子どもの性格を読み取る観点として、以下の四つを提案する。

[観点1] ほかの子とのかかわり方《能動的－受動的》

　自ら進んで、友だちとかかわる子どもがいる。

　その傍らには、そのような能動的な子どもの誘いを受けて遊びに加わる子どもがいる。そして、個々の子どもの周囲とのかかわり方にはその子らしさがみられ、いろいろな時と場面を通して一貫した傾向が認められる。

　ある子どもは、いつも友だちを誘い、遊びを提案する。別の子はほかの子に声を掛けられて仲間に加わる。また、別の子は遊びの種類によって、自分からほかの子を誘ったり誘われたりする。

　ときに積極的で、ときに消極的になる子も多い。周囲とのかかわり方のこのような一貫した個人差から、周囲とのかかわり方の「能動的－受動的傾向」を判断することができる。

[観点2] 周囲とのかかわり方《協調的－マイペース的》

　他の子らが楽しそうに遊んでいると、ごく自然にその遊びに溶け込んでいく子がいる。

　誰かが遊具を運び出そうとしていると、すぐに気づいていっしょに遊具を運ぶ子、泣きべそを書いている子がいると「どうしたの？」と傍によって助けようとする子、ちょっと気にするが、動かずに自分の位置を保つ子、まったく気にとめずに自分の作業を続ける子、さらには、保育者からみんなの遊びに加わるように言われても、かまわず一人遊びを続ける、マイペースを保持する子もいる。

　一般に協調性が高い子は集団への適応性が高く、保育者の指導的行動にも的確に反応する。それゆえ保育者との間に快適な関係を構築することができる。いわば"おりこうさん"で頼りにされる子である。

　それに対して、マイペース的な傾向のある子には、保育者は手を焼くことがしばしばある。マイペースの子の側からいえば、「自分は自分なりに楽しんでいるのに、先生が、ああしろこうしろとわずらわしくて困る」と思っているかもしれない。幼児だからまだ反発したり理屈を言い立てたりはできないが、ややもすると園がつまらないと思うこともあるかもしれない。

　その子なりのマイペースを尊重しつつ、ときにより、場の特徴により、周囲と合わせることもできるように、何かのきっかけを活かして働きかけを工夫したい。

[観点3] 興味・関心の向け方《興味拡散－興味集中》

　いろいろなことに興味をもつ子がいる。また、ある一つのことに興味が集中する子がいる。

興味・関心の向け方という点でも一人ひとり、個性がある。興味の幅が広い子もいるし、興味の幅が比較的狭い子もいる。

　もしも、目の前に展開する諸刺激のすべてに興味をもったとしたら、どうなるか。極端な場合、安定したかかわりをもてない子、ともいえる。その反対に、目の前の多くの出来事にまったく注意が向かず、ただ一つ魚のことにのみ集中していたら、どうだろうか。

　興味には程度が大切で、ほどほどの揺れが伴うものである。一時は昆虫に夢中だったが、今は仔猫の世話に夢中になるというように、興味の対象が拡散していく中で、知識も増えていく。その反対に、一つのことにだけ興味が集中し、かつ、とことん持続する子もいるとしたら、やはり、程度問題であろう。

　別の見方をすると、「興味拡散型」の子は、飽きっぽいともいえる。「興味集中型」の子は、粘り強いともいえる。

　このように、性格には適度というものがある。よい面ともなるし、困った面にもなる。要はそれぞれの性格のよさをどう活かすかということになろうか。よさを活かしつつ、課題となることについて、少し工夫することが望まれる。

[観点4] 感情の傾向《明るくのびのびー怖がり・心配・怒り》

　表情が明るく、身のこなしも軽やかで、のびのびと保育の時間を楽しんでいる子がいる。

　その一方には、硬い表情で、こわごわ活動についてくる子がいる。元気な子が少し大きな声を出すと、そのたびに怖がる。何かにつけて尻込みをして、「だいじょうぶ？」と確認する。かなりな心配性である。

その両極の間には、いろいろな子どもたちがいる。とても元気がいいが、不安になりやすい子。しっかり活動するが、緊張感が強い子。楽しんでいるが、いま少し緊張が抜けない子など。

　最近になって、特に注目されるようになった感情の問題がある。それは、怒りがどうにもならなくなった子どもにどう対応するか、という問題である。乳幼児の怒りは自分の思うようにならない事態で、激しく暴れたり、自分や親に、あるいは辺りにいる誰にでも物を投げたり、叩いたりする行為によって現れる。それを抑えようと親が厳しく対処すると、一時激しく荒れるが、一応収まる。

　しかし、次の機会に爆発して、本人にも何がどうなっているか分からない混乱を示すことがある。穏やかになるようにするには、基本的な、優しく温かい対応を粘り強く続けることによって、その子がため込んだ攻撃衝動を緩和することが肝要になる。

　　　　　　　　　　◆子どもにとってのびのびできる保育の場
　保育の場を楽しめるための要因は、いろいろある。

　保育の活動を楽しめる理解力や社会性に恵まれていること、保育者から温かい目を向けられること、保育者を大好きになれること、仲良しの友だちがいること、園の遊具や飼育動物を好きになれること、などなど。

　また、保護者側の影響もある。親が保育者と対立していると子どもはそれを感じ取って、のびのびできない。保護者の期待が大きすぎて、子どもに負担になることがある。また、家庭内にいざこざが絶えないような状態が続くと、それまでの明るい表情が失われる。

　したがって園の側では、こうした家庭的条件についても注意を向ける必要があり、保育の場でみられる子どものようすを伝えるとと

もに、保護者側の気がかりについてもよく話を聴き、その相談に乗ることがも必要になることも多い（この点については第2部で取り扱う）。

　保育の場における子どもの感情面のありようには、実にさまざまなことが影響している。朝の出迎えと受け入れの際や、保護者との立ち話の機会、見送りと出迎えの折など、子どもと保護者の関係に、それとなく注意しておくと、大切な情報が得られる。感情のありようは、子どもとその関係者のあり方を示す、よき指標のようなものである。

　よく鍛えられた保育者は、朝の子どもの表情をすばやく観察しながら、その日その子に配慮すべきことを考える。感情のありように敏感であること、そして、人間関係の諸相に通じていることは、よき保育者の必須の要件である、といえるように思う。

4
子どもの個性にどう理解の目を向けるか

◎子どもの個性に理解を向けるポイント ── ①
かかわりながら観察する

　保育者は子どもにかかわりながら、近づいて手を貸し、少し離れてようすをみたりする。そういう保育者の姿は、適度な距離を保ちつつ、適切なかかわり方を工夫している姿であるとみることができる。

　それと同じで、カウンセリングの基本は、クライエント（カウンセリングの対象者）にかかわりながら観察し、観察しつつかかわることである。

それは、看護や養護や教育でも、あるいは飼育でも、命ある対象に人としてかかわる際の、基本でもある。あるいは、複雑な機械を作動させる仕事でも、ようすを見ながら油を差したり、つまみを調整したりする。高度な機能性をもつシステムにかかわる際の基本は、注意深い観察と柔軟なかかわりの組み立て、連鎖にあるといえる。

　その意味で、保育者はよきカウンセラーへの基本を、すでにもっていると言うこともできる。

◎子どもの個性に理解を向けるポイント —— ②
その子のよさと課題をその子の一部として受け入れる

　誰にもその子らしいよさがあり、それなりの改善したい課題も抱えて、生きている。では、よい面とよくない面にどうかかわるか。

　まず、その子のよさに注目する。そのとき、保育者の顔には笑顔が浮かび、声にも温かいものがあるに相違ない。

　すると、子どもは自分が認められ、大切にされていることを感じ、笑顔で保育者に応える。子どもがプラス（よい子）、保育者もプラス（よい人）の"win-win"（ウイン・ウイン）関係になっていること、つまり、よい面とよい面がかかわり合う"勝ち勝ち"関係になること、これが基本である。

　では、その子の困った一面（ある意味で課題になっている面）については、どうか。困った一面が見えたとき、大抵の人はどのように対応するか。困った顔、厳しい声で注意することになりがちで、"loss-loss"（ロス・ロス）、つまり"負け負け"関係になっている。

　その行為が好ましくないと指摘するとき、ともすると、その子を大切に思う気持ちは、どこかに忘れてしまいがちである。怖い顔で

頭ごなしに叱りつけてしまう一瞬、そういう一瞬が、あるのではないか。その瞬間、その子は、自分が嫌われたと思ってしまうかもしれない。

　子どものマイナス面に触れるときは、よほど注意してかかる必要がある。その行為をよしとして、指導の責任を放棄したわけではない。その行為を注意したり叱ったりすることは、その子を嫌うこととは別だという基本的視点が忘れ去られる一瞬が、ある。

　その子の傍に寄り添い、「あ、いいのかな？」と問い掛けて、「そうね、よくわかったね」と、気づきと反省を、評価してやりたいものである。

　これが、保育者の仕事の基本であろうし、心理カウンセラーの基本的態度でもある。

◆保育者と保護者の心を開いた話し合いが持てたら

　保護者も、この点では同じ悩みを抱えているに相違ない。むしろ毎日、朝から晩まで子どもにかかわらざるを得ない保護者だからこそ、子どもの現状をよく観察し、心配もしているからこそその悩みが尽きないのである。ついつい厳しく叱りつけてしまうことがあり、その後の対応にもいろいろ、苦心している。

　そして、それぞれ子育ての悩みを抱えているに相違ないのである。保育者と保護者の心を開いた話し合いがもてたら、きっと相互の理解と協力の道が開かれることだろう。

　つい、強く叱ってしまうこともある。その場合、その後の対応が特に大切。叱り、叱られて気まずさが残ったとき、その対応をおろそかにしてはいけない。あまり時間を置かず、事後に必ず心を開いて話し合い、気持ちの交流を復活させる知恵と努力が、大切になる。

このことは、保護者にとっても、とても大切である。このような必須の対応を誤ると、親子の間でも長くしこりを残すことにもなりかねない。とりわけ幼い子どもは親を選ぶことができず、親に依存して暮らすのであるから、心の底に大人への警戒と不信感を蓄積し、そういう自分自身にも、怒りと失望と自己不信を沈殿させてしまうことがあるのではないかと案じられる。

◎子どもの個性に理解を向けるポイント ── ③
不都合な面が際立つ場合と、比較的そうでない場合とを見分ける

　いつもの「困った君」であっても、天気のよい日とよくない日があるように、"ちょっとだけ"の場合がある。

　そういうときでも頭ごなしに叱ると、子どもは反感の気持ちを強めて、もっと困ったことをしでかすものである。

　ちょっとだけのとき「よく我慢できたね」と、少しのがんばりを認めてやったら、次にはもっと、我慢できるようになるかもしれない。それに加えて、その子のよさへの十分な注目と認めを忘らないようにしたい。

　また、少しだけの困った行動になった背景を考えて、もっと困った行動の背景とどう違うか、注意を向けてみると、その子の好きな活動のときであったり、となりに仲良しの子がいたりする。

　困った行動の背景に何があるかと注意を向けて、少しずつでも困った行動が軽快する手がかりを、探すことができる。その手がかりについて保護者に話してみると、保護者にも参考になって、その後の相互理解と協力連携の道が開けることになる。

◎子どもの個性に理解を向けるポイント ──④
その子にまわりの温かい目が向けられるように配慮する

　どの子も、周囲の温かい目に支えられてこそ、"よい子"でいることができる。まわりの冷たい視線にさらされていたら、どんなによい面のある子でも、やがて、"よくない子"になっていくのではなかろうか。無関心も同様である。周囲の無関心の中で平然と笑っているとしたら、むしろ心配でさえある。

　何かの折には、イソップの『北風と太陽』の話を思い出してみよう。旅人は、強い北風に対しては、負けまいと必死で上着の襟を立て、身をかがめて対抗する。ところが、太陽から暖かい光を注ぎ続けられると、旅人は自ら上着を脱いでしまう。

　たとえその子によくない一面があったとしても、その子にまわりの温かい目が向けられるように配慮することが、絶対に必要である。それには、保育者自身が進んでその子の好ましい面を探し出し、温かい目を向けることが必要である。そして機会あるごとに、ほかの子どもたちにも保育者にも保護者の方にも、その子の優しさ、心の温かさ、親切な行い、面白い一面などを指摘して、認めてやるようにしたい。

　やがて、遠からずして、その子自身の表情が穏やかになり、優しい行動を見せるようになり、保育の場を楽しむようになり、実際に多くの人から好かれるようになるに相違ない。そう信じてかかわりを続ける。

　なお、人は誰しも、自分でも気づかないうちに、思わぬ失敗や対立に巻き込まれることがある。そういうときに、そのことによって周囲がマイナスの視線にならないよう配慮すべく、心がけよう。

当人にも、自分の善意と人柄のよさを忘れないように、自分を支え、周囲にも寛容にかかわることで人のつながりを確かなものにするよう、指導的かかわりをもつことが望まれる。

◎子どもの個性に理解を向けるポイント ── ⑤
その子の好きな活動、よさが出る場面や関係を大切にする
　子どもはごく自然に、自分の個性によく合うような場面や活動に興味をもち、好み、選ぶ傾向がある。そして、その反対の性質をもった場面や活動には、頑固なくらいに抵抗する。

　簡単にいえば、気に入った場を好み、気に入らない場を避けようとする。要するに、子どもも、大人も、動物も、自分の気質、性格にあった環境を選び、そこで生きようとするのである。時として、そうした好みの環境を排除するような強制的指導が採用されることがあれば、それはあまりに無茶というものである。

　その子を大切にするということは、その子の選ぶ環境を尊重すること、その子の自ら選ぶ道を何よりも大切にすることである。

　人は結局、そうした自分に合った環境を見つけて、自分らしく生きていく、そういう存在のようである。

　よって、その子を大切に思うなら、その子が選ぶ環境を基本的に受け入れる度量が望まれる。それがその子を活かす道、その子自身がその環境の中で持ち味を活かして、いきいきと生きる道になると考えよう。それはとりもなさず、一つの集団を、ひいてはその社会を明るく、住みよくする道程となることであろう。

　ときに親は、自分がなしえなかった目標を子に託すことがある。それは子に、大きな苦痛と失意を課すことになりかねない。親の好

みを子も同じくする場合は、親も子も、それゆえの苦労をすることになるものである。ましてや、もって生まれた基礎的傾向が異なるにもかかわらず、親に強いられる子の不幸は、もっと大きいのではなかろうか。

　どうしてそうなるのか、どうすればよいのか。親が自分なりのよさと課題を受け入れて、自分の人生を楽しめるようになっていく。そうすれば、子を己(おのれ)の犠牲にすることなく、子の個性を尊重できるに相違ない。

◎子どもの個性に理解を向けるポイント ── ⑥
「しか、できない」から「なら、できる」への視点転換

　紙を与えて、絵を描かそうとすると、ぐるぐる円だけ描く。それしか描こうとしない子がいる。

　それ「しか、できない」と、保護者も言う。けれど、色を変えて描くこと「なら、できる」のである。

　なかなか集団に溶け込めない子、子どもたちと同じ遊びに加わらず、集団から少し離れて、一人でボールを転がしたり、一人でぐるぐるまわりをしたり、ジャンプしたりしている。

　みんなの近くにいること「なら、できる」。

　溶け込むことが苦手で、いっしょの活動が苦手なら、傍にいること「なら、できる」。

　ときどき顔を上げて、視線が合う。いまできることを評価して、まずは、それでもよいと考えよう。そして、長い目で子どもの成長を信じて、「なら、できる」ことを、いっしょに探すことにしたいものである。

◎子どもの個性に理解を向けるポイント ── ⑦
今できることから

　自分では何もしようとしない子、いつも保育者や親切な友だちにしてもらっている子、そう・み・え・る・幼児がいた。

　それとなく観察してみると、まわりにやってもらっている間、自分でハンカチを出したり、クレヨンを触ったりしているのである。その動作がまだるっこいということでまわりが手を出して、集団の流れに合わさせてしまっている。

　ゆっくりとでもまずくても、自分の力で、自分のペースで、できることをするように指導する。そういう気長な、粘り強い、個に応じた保育こそが、その子の真の成長を助けることにほかならない。

　いろいろなかかわり方が、工夫できる。たとえば、自分なりに取り組む姿に寄り添い、ようすをみて、そっと離れる。声を掛け、必要なら少し手を貸す。手伝いながら少し手を抜いて、任せてみる。

　そうした柔軟な対応を、粘り強く継続すること、それには一人の保育者だけでなく、組織を挙げて、柔軟なかかわりの方針を立て、計画的に取り組む。それが保育の基本的態度というものであろうか。

　それはまさに、心理カウンセラーの基本的態度でもある。

◎子どもの個性に理解を向けるポイント ── ⑧
常に、ようすをみながら、柔軟に

　子どもの成長にかかわる人、とりわけ、年少の子どもの保育と教育にかかわる人が、常に心がけたいことがある。

　その基本は、その子のようすをみながら、急がず、せかさず、温かく、柔軟なかかわりを粘り強く続けることである。

その目標は、その子がリズムのある、なめらかな身体の動きをして、すっきりした顔で、元気に、いきいきと、保育の場に参入してくれるように、ということである。
　その基本の上に、一人ひとりの子どもの特徴に応じた、適切な指導と対応を心がけることが望まれる。

◎子どもの個性に理解を向けるポイント ── ⑨
恵まれた子への対応の留意点
　頭のよい子がいる。礼儀正しい育ちのよい子がいる。かわいい子がいる。ハンサムボーイがいる。こうした特徴を備えている子は、保育の場や学校などの指導と助言を受ける環境の中では、好感をもたれるという点で、恵まれた資質の持ち主ともいえるだろう。
　しかし、こうした資質によって周囲から大切にされ、好意的に支えられてきた者の中に、いざ社会人となって、不適応に陥る者があるという。ただの一人の人間として、自分のほうから周囲に気配りをしなければならなくなったとき、周囲の目が必ずしも好意的でないとき、そして、他人のために尽くす事態になったとき、適切な行動をとることができず、会社の中でつぶれていくことが決して少なくない、という話を聞く。
　恵まれた資質のゆえに苦労することなく成長し、それゆえに人間としての根本的資質たる思いやりと、優しさと、苦境に耐える力が育っていなかった可能性がある。そのためと思える不幸な事例が、しばしば聞かれる。
　「禍福は糾へる縄の如し」という格言がある。複数の糸がより合わされて一本の縄になるように、人生は、吉と凶、よいことと悪い

ことが組み合わさっている。いろいろなことが絡み合っているのが人生なので、長所ゆえにおごることなく、むしろ自分に欠けていることを自覚し、努力して埋めていくことが大切という、戒めの言葉である。

　子どもを育て、教え導く者は、子どもそれぞれの長所を認めつつ、その長所ゆえの課題も、人は誰しももっているということに、心を置きたいものである。

◎子どもの個性に理解を向けるポイント ── ⑩
性格を変えようとするな、受け入れて、かかわればよい

　性格には生まれながらの気質、気性のような、容易には変わらない根っこの部分がある。無理やり変えようとすれば、その子のよさが失われ、保護者との間にしこりのような気がかりが生まれる。

　そのようすが保育者に、何となく感じられることがある。しかし、保育者と保護者との関係は、いきなり疑問を投げかけることがよいのかどうか（このような点については、第2部で取り上げることにする）。

　子どもの性格を変えようとして性急にかかわると、うまくいかないことが多い。その子と保育者との信頼関係についても、ぎくしゃくしてしまう。そうなると、いっそうマイナス面が目立つようになりかねない。

　ある条件を整えれば、性格の社会的な面は自ずと変っていくものである。無理に変えようとせず、条件を整えて自然に、漸次的（ぜんじてき）に変わっていくのを待つのがよい。その条件は何か。

　それは本書の中に、繰り返し見出されるものである。

温かい、愛情のこもった、まなざしで包まれるとき、人は誰しも自分の個性をよさとして、他者にかかわるようになるに相違ない。そう信じるとき、当人も周囲も、よき人になることができる。

　同じ性格でも、好まれる方向がある。その性格なりの好ましい姿が表れるように心がけたい。そうすれば、その性格は他人に受け入れられるものとなり、別のよさも現れやすくなる。

　その子なりのよさを伸ばせば、尻尾（マイナスと見える面）も、ついてくるという考え方がある。人を育てるための的を射た考え方であろう。

　本書の中で提案しているさまざまな対応策は、このような考え方に基づいているものである。

カウンセリングの考え方による子どもへの対応

1
基本的な態度

　カウンセリングの定義や、理念や方法については、第2部からの章（第5章以降）で、あらためてとりあげることとしたい。
　ここでは、カウンセリングの基本的態度によって子どもにかかわるということについて、それが実際にどういうものか、その考え方の本質について考えてみよう。

◎カウンセリングのための基本的な態度―― ①
無条件の愛情のまなざし、一人の子を心から大切に思うこと

　みんなが静かにお話を聞いているとき、一人の子がふらふら歩き回っていたとして、その子を無条件に受容できるだろうか。

　その子の手を引き、席に戻そうとする。しかし、その手を振り払って外へ出ていく。こうした珍しくない事態にあっても、じっとすることが苦手な子どもに対する愛情のまなざしを、向け続けること。

　それがカウンセラーとして必須であると、アメリカの心理学者ロジャーズ（カウンセリングの先駆者／Rogers, Carl R. 1902～1987）は、言うだろう。

◆「愛」は無条件か

　親の厳しいしつけの下で、いつもおどおどしている少年がいた。

　カウンセラーのところに彼を連れてきた母親は、わが子が知的に恵まれていないことを認めようとしないで、必死で子どもに言葉を教え、教師に不満を言う。いろいろ聞いた後で、カウンセラーは温かいまなざしを向けながら「あなたはもうご存知なんでしょう？」と穏やかに言う。その瞬間、母親は、自分がいかにわが子に無理をさせてきたか、本当は、今のままでも子どもを愛していることに、気づく。やがて、子どもは生き生きと自分の個性を伸ばすようになる。

　無条件の愛情という表現には、何か不自然な感じがするかもしれない。

　「愛情には条件がつかないのではないか？」という疑問があるからかと、思う。もし条件がつくとすれば、あなたがよい子にしていれば愛するが、悪いことをしたら愛さない、ということになる。

それでは「愛」という語に合わない。愛は本来、無条件なものであろう。もしこれを「好き」という言葉に置き換えると、どうだろう。赤ワインなら好き、ヒレ肉なら好き、私を好きになってくれたら私もあなたを好き、という表現であれば、それはそれとして通る。しかし、そこに「愛」という言葉を入れると、何ともすわりが悪い。

◆効果をあげるための条件の第一とは

ロジャーズは、カウンセリングが効果をあげるために、必要十分な条件として、三つの条件を挙げる。

その第一が"unconditional positive regard"といわれるもので、その説明として「非所有の愛（non-possessive love）」とも言う。無条件に、たとえその子がどんなにいたずらでも、愛し続けることである。

この"unconditional positive regard"に、多くのカウンセリング心理学者は「無条件的受容」という日本語を充てている。そして、「温かく、愛情をもって」という修飾語を付加する人がいる。議論の多い言葉、そして大切な言葉である（第7章で、詳しく説明する）。

ロジャーズの人間論の根底には、一つの基本仮定がある。すなわち、人は誰でも、大人も子どもも、周囲の人から愛され、好かれ、受け入れられたい、尊重されたいと願っている。この願いは、ある程度満たされれば収まるというものではなく、さらにもっと、もっと満たされたい気持ちが、起こる。

そして、ほかからの無条件の温かいまなざしによって、愛情欲求が満たされると、そのような愛情を受ける自分を好きになり、自分を認め、自分を受け入れようとする（自己受容）。こうして、身近で大切な人からの愛情のまなざしの中で、子どもは、自分を大切な存在だと信じる自己尊重の願いが生まれ、強まる。

もしも無条件的でなく、条件つきの受容であったら、どうなるだろうか。
「もしもあなたがよい子にしていれば、私はあなたを愛する」
　というようであれば、どうなるか。さらには、まったくの非受容（嫌い、いなくなってほしい）であれば、どうなるか。人間としての基本が不安定になってしまうだろう。

　この基本的要求の不充足の状態が続くと、心理的不適応に陥ってしまう。すなわち、①傷つきやすくなる、②緊張と不安と脅威に苦しむ、③歪曲（意味をゆがめる）・否定（ないことにする）・否認などの防衛性が強められ、極端な場合には、人格の統一が失われる場合もあるといわれる。

　では、どうすれば、人は心理的不適応から回復へと向うことができるのか。カウンセリングの関係の中で、第一に必要な、無条件的受容（子どもがどうであっても温かい愛情の目を向ける）の基礎の上に、次の二つの条件を満たすカウンセラーとの関係が継続されることだと、ロジャーズは言う。

◎カウンセリングのための基本的な態度——②
子どもの気持ちを最大限に尊重し、共感すること

　子どもが悲しそうにしているとき、気を紛らわそうと面白そうな話をしてやり、チョコレートなどを与えるとする。だがそれは、一時しのぎの、その場だけの対応で、子どもの悲しみから気をそらすだけである。子どもの気持ちに寄り添うことは、できない。

　それは「共感」ではない。子どもの姿に愛情のまなざしを注ぎ、

あるがままに、温かく受けとめるとともに、子どもの不安や悲しみの気持ちを、保育者が、「あたかも (as if)」自分のことのように傾聴し、深い理解を表わす。これが「共感的理解」である。

そのとき、子どもはそのカウンセラーに心を開くだろう。

これに比べて、一般の人々の理解は、多くは知的理解、外側からの理解にとどまっている。その状況を想像しつつ、「あなたも大変ですね」と、自分の外のこととして理解を示す。

◆「共感」と「同感」「同情」はちがう

また、「あたかも」がないと、どうなるか。

それは共感的理解ではなく、「同情」あるいは「同感」と似たものとなり、依存関係、仲間関係へと流れていく。つまり、カウンセラーとクライエントとの関係とは異なる関係に、なっていく。

たとえば、「やはり相撲は面白いね」「そう、同感」。これは、あなたも私も同じという、仲間づくりの表現である。

また、「お母さんも大変ですね、手のかかるお舅さんと子どもさんがいて」。これは、話し手が聴き手の立場に理解を示しながらも距離を置き、「私はそうでない」という気持ちを内に秘めて、同情する心を伴っているように思える。

◎カウンセリングのための基本的な態度──③
あるがままに本心からかかわること

ロジャーズが提唱する、カウンセリングのための三条件のうちの三つ目は、カウンセラーがうそ偽りなく、本心から子どもの心に真向うことである。それが、望ましい心理的成長を可能にする。

この「本心から子どもの心に真向う」態度は、一致（Congruence）あるいは純粋性（Genuineness）とも呼ばれる。

　「一致」とは、本心と表現が一つになっていること、感じるままに、あるがままに、ごく自然にふるまい、ありのままの気持ちで対応することである。

　「うそ偽り」「建前」や「見せかけ」でなく、本物であること。感じるままに表現すること。素直に感じ、それ（辛くなっている自分、怖くなっている自分）を、可能な形で表現することである。

　それは別の言葉でいえば、「純粋性」ということになる。

◆三つの条件は一組のまとまりとして大きな効果を表す

　無条件的受容。共感的理解。本心から子どもの心に真向うこと。

　以上の三条件を一組にして「魔法のセット」とも言われる。魔法のように元気になるから。

　少し解説を加えるとすると、次のようになる。

　第一の無条件的受容によって、一人の子どものあるがままの姿を、かけがえのない存在として、受け入れる。

　どんな子もほかの子に替えられない、かけがえのない大切な存在だという思いをしっかり心に刻むこと、一方的に狭い視野で評価的にかかわるのでなく、精一杯の個性の輝きを深く、温かく見守ること、そういうかかわり方こそが、求められる。

　そして、第二の共感的理解の態度と、その表現によって、カウンセラーは子どもの心の中に分け入って、"共歩き"するようになっていく。すると、子どもは自分が完全に受け入れられ、理解されていると実感し、さらに心を開くようになる。

　しかし、共感的に内側から他者の心を理解することは、決してた

やすいことではない。「こういう気持ちかしら、どうかしら？」と、カウンセラーは、自分の理解を確かめたくなる。

それを受けて、子どもは「そうなんだ」「そうだ、今、怒っているというよりも、本当は困っているのだ」と、あらためて自分の心を理解するようになる。

そして第三の、本心から子どもの心に真向うこと。すなわち「本物の心で子どもの心と対面する」カウンセラーとの相互作用によって、子どもも、自分の「本物の心」を自由に表現するようになり、傷つきやすい心から開放され、緊張と不安と脅威に苦しむことが必要でなくなり、純粋な姿へと自ら成長していく。カウンセラーはクライエントにとって、ありのままの生き方のモデル（お手本）でもある。

2
「プレイセラピー」と呼ばれる、子ども中心のかかわり方

ふつうカウンセリングは、自分の問題意識をもつクライエントと、その人への援助を目的とするカウンセラーとの話し合いの場によって、営まれる。しかし、幼い子どもの場合、話し合いということはなじまない。

そこで、話し合いの場に相当する「プレイセラピー（play therapy）」と呼ばれる、自由遊び場を特に設定して、子どもの自発的な動きを待ち、愛情深く受容し、その心情に寄り添って、理解を伝え、子どもといっしょに子どもの課題に取り組むことになる。

そのための、大切なカウンセラーの態度とかかわり方について、次のページから順に見ていこう。

◎プレイセラピーの実際例 ── ①

温かい親密な関係、子どもが安心できる関係を構築する

(1) 自由遊びの場を設定

向かい合って椅子に掛けていると窮屈な感じになって、子どもは「何か言われるのではないか」と、身構えるかもしれない。そこで、子どもが自由にしていられる場、自由遊びの場を設定する。そこに、その子が関心をもてるような適当な遊具があるとよい。

(2) まずは声掛け

「今からここで、あなたの好きなことをしていいのよ。私はここにいるけど、気にしなくてもいいのよ」「お人形があるわね、あ、あそこにあるのは、ぬいぐるみのお猿さんだね」などと、声を掛けてみる。

(3) 独り言のように、静かに語りかけるように、話し続ける

子どもが興味のある遊具に近づいて、ためらいをみせると、独り言のように、あるいは静かに語りかけるように、「触ってみたいのかな？」「……触ってもいいのよ、あ、音が出るのもあるかな？」などと、話し続ける。

そして、邪魔にならないように見守り、その子の心情を汲みながら、ときどき声を掛ける。黙って見ているよりも、子どもの動きに後からついていく感じの自然な、控えめなかかわりがよいだろう。

(4) ごく自然な寄り添う関係に

子どものようすをみて、子どもが興味ある遊具にかかわり始めると、ごく自然に、子どもに寄り添う関係をもつようにする。「あ、これって動くのかなあ」「あ、動く、ね」などと声を添える。

◎プレイセラピーの実際例 ── ②

子どもをあるがままに受け入れ、気持ちを受けとめる

(1) 子どもの気持ちを反映する

子どもが「ボールやってもいいの?」と聞いてきたら、「あ、ボールやりたいのね」と、子どもの気持ちを反映(あるいは「反射」とも言う)し、「もちろん、いいよ。でも壁にぶつけると、跳ね返ってくると、どうかな?」などと応じる。

(2) 子どもへの共感を表す

子どもが「あ、あの怪獣、こわい」と感情を表明すると、「そうね、こわそう。どうしようか?」と、共感を表現し、子どもの意向を問う。

(3) 「感情」は受けとめるが、増幅するのは避ける

子どもの感情の表現は大切に受けとめるが、子ども以上に怖い態度はとらない。誇張や、恐怖の増幅を誘うようなことは避ける。

(4) 子どもの意向を待ち、先回りはしない

また、先回りして恐怖対象を取り除くようなこともしない。子どもの考え、意向の表明を待つようにしたい。それが基本である。

◎プレイセラピーの実際例 ── ③

気持ちを自由に表現できる場と機会を設ける

解放感を感じられるように、おおらかな気持ちを創出する。

(1) 子どもが「困った」なら、こちらも「困った」顔で

子どもが首をかしげて、困った表情を示すと、「困ったね、どうしようかなあ」と、こちらも困った顔で、待つ。

(2) 少しだけ、協働の関係を表明

子どもがこちらの対応を期待していると「じゃあ、怪獣君には、

どうしてもらおうか。私も、あまり好きでないし……」と、共感と協働の関係へと、少しだけ、近づく気持ちを表明する。

◎プレイセラピーの実際例 ── ④
気持ちの表現を敏感に受けとめ、感情の反映を心がける
そうすることで、自分の心を返りみることができるようにする。

(1) 感じるままの行動を待つ

「どうしよう、どうしたらいいのかなあ……」と言いながら、子どもが感じるままの行動を待つ。

(2) 問いかけ

そして、「じゃあ、あっちを向いていてもらおうか、どう？」と問いかけてみる。子どもの、同意のようすはないかもしれない。

(3) 選択肢を出す

それを見て、「それとも、もし箱があれば、それにしまっておけるけど……」など、子どもの注意が箱に向うのを見て、「どうしよう？」などと選択肢を出しつつ、子どもの意向を待つ。

◎プレイセラピーの実際例 ── ⑤
状況を自分で何とかしようとするのを待つ
そうすることで、子どもに敬意を表し、自発的行動を待つ。

(1) 子どもの発見をそれとなく認める

子どもが木箱を見つけて指差すと、「発見ですね。それに入れてしまうのね、グッドアイディア」と、それとなく認める。

(2) 子どもの意図を確認する

そして、「じゃあ、私が怪獣を持って中に入れるけど、君は……」

と待ち、子どもが箱のふたを持つと「あ、それいいね、持っていてくれるのね」と、子どもの意図を確認する。こうして、子ども主導の協働遊び（相互作用）が、いつの間にか始まっていく。

◎プレイセラピーの実際例 —— ⑥
子どもの行いや会話を指導しようとしない、待つ
そうして、子どもが先導し、主導するのを待って、対応する。
(1) 伸び伸びしてきた子どもに合わせる
子どもが、伸び伸びしてくる。それに合わせて、カウンセラーがついていく関係が確定してくる。
(2) 時計を見上げて（予定時間の確認）
予定の時間が近くなって、カウンセラーが時計を見上げると、子どもは、それを察知してつまらなそうな顔になる。
(3) 子どもの気持ちに自分の気持ちを重ねつつ（時間厳守に言及）
カウンセラーは「残念ね。残念だけど、もう約束の時間になってしまった、ね」と、子どもの気持ちに、自分の気持ちを重ねて言いつつ、約束は守られなければならないことに言及する。

▽プレイセラピーの実際例 —— ⑦
継続来室を勧め、再来を動機づける
次回も、ここに来ることができるので、また、やってみようかと誘う。
(1) 子どもの再来の気持ちを確認
子どもの表情やしぐさを、それとなくよく観察し、再来の気持ちがあることを確認する。

（2）同意の表明、エールの交換

「そう、また、ね」と同意し、その子に応じたエールの交換をして、終了する。

◎プレイセラピーの実際例 ── ⑧
相談室の取り決めは、同意の上に設け、自分の責任を気づかせる

この制限（時間や持ち帰り制限）は、相談室と現実世界との結び目としての意義を、もっている。

（1）**言葉よりも動作での表現**

子どもの表情やしぐさをそれとなく、よく観察し、再来の気持ちがあることを確認する。

（2）**気持ちを温かく受けとめて**

カウンセラーは穏やかな表情で子どもの気持ちを受けとめ、うなずきながら、「ここは、ほかの子も来るところだから、ここのものはここで使おうね」と伝え、子どものうなずきを確認する。子どもは、満足げに帰って行く。

以上紹介した「プレイセラピーの実際例①～⑧は」、アメリカの心理学者アクスライン（Axline,Virginia.M. 1911～1988）による「プレイセラピーの8原則」に従って、ある担当者による、幼児とのプレイセラピーの場面を例示したものである。

アクスラインによるプレイセラピーの8原則は、ロジャーズのカウンセリングの基本的態度（57ページ）を、「プレイ」と呼ばれる子どもとのかかわりに展開したもの、と考えることができる。

3
子どもの成長を支える理解と援助のアプローチ

　大づかみに言えば、心理的問題とその解決への援助には、二つの主要な成分がある。

　第一は、心の中に葛藤を抱えて、傷つきやすく、緊張と不安と脅威を感じ、防衛的になっている場合、心の中の矛盾した動機に気づき、その解決への内的過程を援助することが必要であり、ロジャーズの三条件（無条件的受容、共感的理解、本心から子どもの心に真向うこと）を満たす心理的援助が、特に重要なものとなる。

　そして、第二のアプローチは、環境からの要求にどう応え、どう効果的に対処するか、どう個性の実現に向けて環境との関係を調整するか、その対策のための援助である。

　いわば、前者が子どもの内側からの気づきと成長をガイドするものであり、後者は外側からの援助的働きかけによる子どもの適切な行動を導く方法である。

　この二つのタイプの問題とその解決への援助は、互いに影響し合う。すなわち、内面の葛藤を解決することによって、環境との効果的対応が無理のない、安定したものとなる。無条件的受容と共感的理解によって自己を受容し、他者を受容できるようになれば、日常の社会的行動にも、よい影響が現れる。

　また、重要な人づき合いの場で、適切な社会的行動のしかたについて具体的な助言を受けて、現実的な無理のない安定した関係を築けるようになると、結果として、内面の安定的成長が促進される。すなわち、自己受容と感情の平穏化がもたらされる。

個人と環境との適切な相互作用に、効果的に影響できる援助（第二のアプローチ）として、次のようなものを挙げることができる。

◎効果的アプローチ —— ①
ゆったり、リラックスできるように
　緊張をほぐし、ゆったりした心と体の状態へとガイドする方法がある。青年期以降の大人であれば、言葉で心身の弛緩(しかん)状態に導く方法を教示することができる。

　しかし、幼児・児童期の子どもには、言葉でリラックス状態を誘導することは難しいから、代わりにゆったりできる活動を、採用する。お昼寝、お話の時間、ゆるゆる体操のような心身の弛緩をもたらす時間を大切にする。

　これは、大人が得意なリラクゼーション法の子ども版への展開である。結果的に、緊張がほぐれ、呼吸が深くなり、ゆったりするようになる。そして、不安感やマイナスの感情が緩和される。

◎効果的アプローチ —— ②
楽しくて、つい熱中してしまうような活動を導入する
　できれば、集団遊びのような、動きの中で盛り上がる活動がよい。こうした活動には好ましい効果がいくつもある。

　自然に緊張がほぐれ、不安が薄らぎ、消える。特に、対人関係の緊張がほぐれる効果が大きく、内気な子、引っ込み思案の子、心配性の子の対人緊張を緩和する効果が大きい。園、あるいは小学校で、ぜひ取り入れてほしい活動である。

　筆者の友人の田上不二夫氏（筑波大学名誉教授）らの開発した、

対人関係ゲーム（学級の仲間づくりに活かせるグループカウンセリング）が、いじめ問題の解消に大きな効果を挙げている。

それは身体活動、集団遊び活動の二つの効果（心をほぐし、関係を開く）によるものと、筆者は理解している。また、対人関係ゲームには、自然な身体接触の機会が含まれている。

◎効果的アプローチ —— ③
自然な身体接触

誰かと手をつなぐ、肩を組むなど、何かにかまけてごく自然に体を触れ合うことができるためには、リラックスしていなければならない。

そうすることでさらにリラックスすることができ、また、まわりの人に対する緊張感をほぐし、かかわりを促進することができる。

そして、他の人に心を開き、仲良し関係の形成にも大きな効果が得られる。グループ保育の大きな利点が、ここにあるといえよう。

文化としてみても、日本人は西洋人などに比べて、身体接触をためらう傾向、控えめな傾向が、顕著である。それゆえ、年少の頃から自然に心を開き、人とかかわりあう習慣を身につけることによって、将来、開かれた文化交流への貢献へと道を拓く準備にもなるだろう。

アドラー（Adler,Alfred 1870～1937）という、オーストリアの臨床心理学者は、「人の幸福と心の健康は、誰か他の人のために役立つことによってもたらされる」と言う。

◎効果的アプローチ ── ④
親から子への価値の伝承と親子関係

　カナダ出身の心理学者バンデューラ（Bandura, Albert 1925～）は、社会的存在としての人間を重視した。そして、学習の原理として、子が親の行動を見、親を手本として親と似た行動を身につける現象を、「モデリング（modeling）」と呼んで「社会的学習理論」を唱え、人の行動、認知、社会を結びつけた理論家として知られる。

　日本には、茶の湯や能、水墨画などの優れた芸術と、漆塗りや研磨などの高度な手工業技術が伝承されてきたが、その背景には、親から子へと受け継がれる豊かな文化の継承があることも、注目すべきである。日本人の知的水準の高さや穏やかな人柄には、親から子へ、子から孫へと代々受け継がれてきた社会的学習がある。

　親として、子への大きな影響についてもっと自覚的に生きることが求められているように思う。

◎効果的アプローチ ── ⑤
「これならできる」という自己効力感を育てる

　「私にも写せます」というムービーカメラ（デジタルカメラ以前に家庭用動画の主流だった小型8ミリフィルムカメラ）のテレビCMが流れたのは、かなり以前のことである。

　その後、カメラの機能がいろいろ改善されて、小型デジタルカメラが急速に普及し、子どもにも手軽に写真撮影を楽しめるようになった。動物園に行く際にはカメラをもっていく幼児もいる。

　「ぼくにも写せる」と言う。実際、タイミングよく撮影に成功することもあって、すっかりカメラに熱中しているようだ。

「自分にはそれができる」という認知的予期がしっかりと心の中につくられるなら、人はその「予期」を、行動によって実現すべく力を注ぎ、実際に期待通りの結果を得ることができるだろう。

社会的学習理論を提唱したバンデューラは、その後、社会的認知理論へと舵を切った。

バンデューラが言うところの「自己効力感（self-efficacy）」、つまり「……ならできる」という自己可能性の感覚をもつことは、まさに、自分の中から生まれる可能性の感覚であるから、内的な動機づけになる。そのため、親や先生から褒められるよりも、確実な動機づけの力になるのである。

先生に褒められたいからひらがなを覚えようとする場合と、きっと覚えられるという可能性の予期をもってひらがなに取り組む場合とを比較すれば、後者の方が、明らかに確実な動機づけとなる。

◆「失敗の予期」より「可能の予期」

では、友だちと楽しく遊ぶことに失敗したら、どんな予期をもつだろうか。「きっとだめだろう」という失敗を予期して、あるいは「また、しかられる」という親の叱責を予期して遊ぶことになり、実際、楽しく遊べないという結果を、再び経験することになりかねない。

では、どうなるのだろうか。気短な親は、子どもの勉強に張りついて、「ほらだめだ、また、間違った」「こんな調子では、この次も間違うよ」と、失敗の予期を叩き込んでいる。

それなら、どうしたらよいのか。

急がず、じっくり、子の挑戦を待ち、少しヒントを出し、「ほらできた」「きっと、またできるよ」と可能な予期を高め、強め、広めていく。そのような子育てをしたいものである。

◎効果的アプローチ —— ⑥
その子の好きな活動、好きな友だち、好きなおやつ

　自己効力を暗示によって高めようとする人もいる。だが、やはり多くの場合、実際の行動経験を通すことによって「……ならできる」という自己可能性の感覚を、確実に強くもてるようになる。

　特に幼い子どもは、理屈よりも実際の行為によって「自分にもできる」という予期を獲得する。

　そのためには、好きな活動にいい感じで楽しく取り組み、そして成功する経験が必要になる。苦手な活動領域と得意な活動領域がある場合、（たいがいの子が両方あると思うが）まず得意な、好きな活動で自己効力を確実に高める。その上でちょっと苦手なことへ、それが苦手でなくなれば、次へというように、漸次、困難な領域へと進むのが自然であり、効果的に自信も出る道である。

　その際、まずは成功しやすい条件を整え、実際に成功して、そうした自分の行動の成功を通して、自己の可能性の感覚を手にすることがよい。それには、当該の活動に対するポジティブな構え（好きな友だち、好きなおやつなど）をもてるように支えることが大切である。何といっても、子どもには楽しいことが第一である。

◎効果的アプローチ —— ⑦
長い目で、いまここからの成長を、一歩一歩の原則で

(1) 現実の課題に目を向ける

　子どもの心に寄り添いつつ、その子の現実の課題に目を向ける。そうすることによって、その子にとって可能な行動目標とその道筋を模索し、可能なかかわりを展開する。

(2) 状況を比較検討し、分析し、支える

子どものようすをよく観察し、のびのびと行動できる状況とそうでない状況を比較検討し、状況分析によって、子どもの活動の場と機会を用意し、調整し、そこでの子どもの行動を支えていく。

(3) 実現可能な行動目標への切り替え

子どもの実現可能な行動目標について、子どもと話し合って、過大すぎる目標を実現可能な目標へと切り替える、あるいは、遠い大目標へのステップとなる下位目標の設定に協力する。

(4) その行動を励ますような結果

子どもの行動に適切な結果（強化的結果）が伴うように、環境側の条件を吟味し、応答的環境のあり方を考え、整える。たとえば、子どもの期待する結果（親の愛情や友だちの笑顔）が生じるように、その実現可能性と問題点を、吟味する。

(5) 子どもの願いの実現の過程に伴走

子どもの行動と周囲の対応との間の機能的関係を吟味し、子どもの要求と周囲の対応との関係のあり方を考え、子どもの願いの実現の過程に伴走する。

◎効果的アプローチ ── ⑧

できるだけ、子どもが自分から動き出すようにする

子どもが本当に喜ぶのは、自分の力で難所を切り抜けたときである。ときにはカウンセラーが、あれこれ手伝ってやることもあるが、しかし、何か小さなヒントを出してみて、子どもが乗ってきたらだんだんと手を引いていく、そのようなかかわり方がよい。

子ども自身の主体的、能動的、探索的取り組みを、カウンセラー

がそっと見守るとき、それが、最上のカウンセラーへの段階を登るときであろう。

よき教師は、子どもが楽に課題を乗り越えるように、手を貸すことはしない。そうすることは、子どもが自分で課題を乗り越える機会、つまり、本物の学びの機会を子どもから奪っていることになるから。保育の場でも家庭でも、指導する側には同じ心がけが問われるのではないか。

その最たるものがカウンセラーの役割である。つまり、「あるべき姿」が先にあって、"よい子" という虚像に変わるように手助けすることではない。その子の今の姿から、その子なりに、徐々に成長していく、その過程を "共歩き" することが肝要である。

◎効果的アプローチ ── ⑨

子どもに合わせる二人三脚

子どもがその子なりに、徐々に前に向いて歩き出そうとするとき、カウンセラーは、その歩みを少しずつ手伝うためのかかわりをする。

それは、子どもに合わせる二人三脚ともいえる。一歩の前進を認め合い、次の一歩へと向かう意思を表情や態度で感じ取り、無理のない次の一歩を支えようとする。

「一歩一歩(ステップ・バイ・ステップ)の原則」ともいえる。

◎効果的アプローチ ── ⑩

少し戻ってまた前進、あるいは、別の道筋さがし

息切れすることがある。急ぎすぎたのかもしれない。少し休んで、気分転換をしてもよい。

休むことで、子どもの中からの力が浮かび上がる。それからまた、前進を始めればよい。

人生は、そのような「一歩後退、二歩前進」の過程でもあるから。あるいは、別の道筋を考えるべき時点なのかもしれない。あの道この道、いろいろあってよいのだから。どういう道筋があるか、子どもとともに考え、保護者の方とも相談できるとよい。

ときどきの振り返りと、ねぎらいも、必要になる。「ここまで、こうやって歩いてきたね。がんばったね」などの声掛けをしたい。

◎効果的アプローチ —— ⑪
保護者を傍観者にしない、巻き込む、相互理解へ

ともすると保護者は、子どもへの対応を保育者任せにして、自分は「お手並み拝見」を決め込むことがある。

それでは決して、子どもの成長にとってよい態度とはならない。

子どもも、親をまねて、自分のことを他人任せにしてしまいかねない。「お母さんがやってくれないから」と、困ったときの親任せを決め込んでしまうかもしれない。

子どもは本来、自分のことを自分で決めたいはずである。元気なときの姿、自信をもって積極的に取り組むときの姿こそが、子どもの真の姿である。元気のないときこそ、自分なりの工夫ができる子に育てたい。

保育者は子どもの課題状況に取り組むとき、自分の考えと、これまでの取り組みの経過を保護者に話し、保護者からの理解と積極的な協力を求める。そのためには、保護者がわが子のよさと課題をどうみているか、どういう願いをもっているか、それをよく聴いて、

理解することが前提になる。

　カウンセリングの考え方による、子どもへの適切な援助のあり方は、ふだんの保育関係者間によい関係があること、そのための保育者組織の理解と、積極的な保護者へのかかわり方が、背景になっている。

第4章

特に配慮が必要な子の事例

　保育の場は、子どもの成長にとって大切な集団活動の場である。

　初めはなかなか集団になじめない子も少なくないが、一人ひとりに配慮した丁寧な援助によって、子どもたちは、それぞれの特徴を示しながら、保育集団の中に自分の居場所をみつけ、社会性を学んでいく。

　しかし、特に配慮が必要な子どもがいる。集団活動に導くためにも、また、保育の場でいま以上に個性を実現するためにも、プラスアルファの援助が求められる子がいる。

　そうした子どもへの個別的支援の例を、次にとりあげる。なお、以下の三つの事例は、第1章でみてきた一般的な子どもの姿とは異なり、それぞれの子の性格的特徴と環境要因について、簡単なアセスメント（問題把握、査定）と個別的支援を行った事例である。

1

二人遊びに留まる子Aの事例

1) 子どもの傾向と環境の要因を考える（アセスメント）

　3歳の女児A、おとなしい子。発達の遅れはみられない。

　同年の、賢い女児Mといつもいっしょにいて、園の集団活動への参加には消極的。たまたまMが留守のときは、つまらなそうに集団の端にくっついている。

　しかし、Mのほうは、Aが欠席した日でも、ほかの子とも仲よくしている。Aの保護者の話では、園の外でもお互いに家が近く、行き来してままごと遊びなどをしている。Mが主導的で、AはMの真似をして遊んでいるという。

2) 目標と可能なアプローチの選択とその経過

　何がそうした行動を引き起こすのか、単に集団に慣れていないAが、Mに頼りすぎているせいかもしれない。

　Aが、M以外の多くの子どもと園の集団活動を楽しめるようになってほしいと判断し、二人を離して別の活動を用意したところ、かえって二人の結合が強まる結果になり、ある保育者は「まるで、恋人どうしみたいね」と、言った。
「引き離すのでなく、二人に他の子が加わるようにしてはどうか」
という、保育者チームの発案で、全体として三人の班で活動する機会が、もたれた。AとMの班には、Aと同じようなおとなしい女児Uが入ってきて、三人で協力する遊びが展開され、それなりの関係ができた。

ちょうどその頃、たまたまMが家族旅行のため数日間欠席したことがあり、また、Aがカゼで休むなどの偶然もあり、また、ほかの三人班での活動が順調にいったこともあって、全体の集団活動を通して、活気のある雰囲気が生み出された。

3）その後のようす

　本児AとMは、実は、父親同士が同じ会社に勤めていること、母親どうしがべったりであること、内気なAがMに依存することが長く継続したことも、保護者面談で分かった。
　保育の場での経験を踏まえて、友だち関係の漸次的拡充の意義と必要性について、保護者も理解を深め、家庭と地域の関係にも幅を広げることが話し合われた。

2
保育の場で口をきかない子Bの事例

1）子どもの傾向と環境の要因を考える（アセスメント）

　保育の場で、完全黙秘にも近いといわれるような、緘黙を続けている、Bという子がいる。話しかけられても応答がない、ときに首を振るだけ、名前を呼ばれても返事をしないで、下を向く。
　それが、どれほど大変なことか、何がそうさせているのか。
　園の先生方も対応に戸惑いを感じ、まわりの子どもたちからも、「Bはヘンな子」という目でみられている。それは辛い状態に相違ないし、B本人にとっても、長い目で見たら人間関係の学びにマイナスであろう。

しかし、代りに得ているものが、何かあるのだろうか。

口をきかないことで集団参加を避けることになるが、本人に参加したい気持ちはあるように思える。実際はどうなのだろうか。

何が背景にあるのか。家ではしゃべっている、歌っていると家族は言う。保育の場では表情も硬い。動作も固い。緊張が強いようだ。

保育者が家庭を訪ねたところ、家の近くまで行ったとき、この女児Bの歌う声と、「お母さん！」と母を呼ぶ大声が聞こえた。

チャイムを鳴らすと走り来る音。しかし、保育者の顔を見た瞬間、Bは無表情に変わり、茶の間に逃げた。後から母親が顔を出したが、歓迎のようすが見えない。

◆**家族とは、自分から何でも話す**

後日、Bについていろいろ事情を聞いた。

Bは一人娘である。その話し合いを通して、家族とは自分から何でも話す、わがままを言うことが確かめられた。Bの母の実家を訪ねた折は小声になるが、問われたことには答える。近所の小さい子と遊ぶ際には、あれこれ指示しているが、年長の子には近寄らないし、黙っていることが多いということである。

家庭の雰囲気としては、職場中心の厳しい父親が支配的で、子どものマナーや言葉遣いに小言を言う。

母親はおとなしく、近所づきあいも消極的である。一人娘に対して優しいようすがみえるが、愛情を表現することが少ないようすも見受けられる。

そこで、次のような対応を心がけ、ようすをみながら実行することとなった。

2) 可能なアプローチの選択と実行

【園での集団活動】

①固い身のこなしや無表情が少しでもほぐれるように、なるべく視線と笑顔を送るようにする。

②本児B自身が、目立つことを嫌ってひっそりしているので、大勢の前で質問して答えさせるようなことは、なるべく避ける。順に名前を呼び、返事を求めるときは、笑顔を向けて確認する。また、Bがよく知っていることで答えたそうな雰囲気が感じられたら、温かい視線を送り、少し待って「こういうことかな？」と問う。うなずく動作を待ち、「そうね」と受け止めて、コミュニケーションが途絶える雰囲気にならないようにする。

③全体がリズムに合わせて声を出すようなとき、また、まわりがBに注目していないようなときは、Bの口が動き、小声が出るようにみえる。その際、それと指摘したりしないで、それとなく笑顔を送るようにする。

④機会を見て傍によって、肩にちょっと手を添えたり、声を掛けたりして、自然に偶然のようなコミュニケーションを心がける。

⑤家で作ってきた作品などがよくできているときでも、大げさには褒めず、それとなく、認めるようにする。

【個別指導】

①全体の保育の場や時間とは別に、本児Bのようすに応じた、この子のための個別仕立ての対応について、工夫する。

②個別のかかわりをもつための場として、Bが安心できる場所、興味を持てる遊具、自由に取り組める活動について、遊びの場

にいる人の特徴と人数など、子どものようすをみながら選択し、実行し、また、ようすをみながら変更していくこととする。
③個別指導の体制を組み、話し合って計画を立て、実行し、振り返りをして、次の計画を練る。
④必要に応じて、遊びをリードする、Bに寄り添う、少し距離をとってその場にいる、などの役割を分担する。
⑤Bの遊びの場に、家族が部分的に参加する機会をもうける。
⑥可能であれば、ほかの園児の参加を漸次的に図って、子どもどうしのかかわりの場をもてるようにする。そして、さらに可能であれば、仲間の参加を徐々に広げ、通常の保育の場へとつなげるようにする。

3) その後の経過

園での通常の集団的活動の中では、比較的、緩やかなペースでようすを見ながら、計画が進められた。あるときはかなり前進したと思えるときもあり、また、元に戻ってしまったように見えるときもあった。

Bは概して、自分が注目されていると感じるようなようすが見られたときは、表情がこわばる。口を開く気配さえ見せない。しかし、多くの関心が自分とは別のところに集まっているとき、緊張はほぐれる。そして、全体の活動に紛れて静かに自分を隠すようにしている。

しかし、たまたま誰かの失敗を知ると、一瞬、にんまりと笑い顔になることがある。

あるときBは、紙工作をしていて指を切った。担当の保育者がすぐに気づき、たまたま来ていた実習生が指に薬をつけ、丁寧に包

帯を巻いた。傷口がほんのり赤くにじむ程度であったが、優しい手当を受けてうれしそうな顔をした。以来、その若い実習生を目で追い、傍に寄って、顔をのぞき込むことがあった。

　自分が好かれ、愛され、大切にされている、と感じているようなときは、表情がやわらかくなり、身のこなしものびやかな感じになる。しかし、この時点では言葉が出ることはなかった。

◆自然に、緩やかな指導を心がける

　若い保育者がうかつな失敗をしたことがあったが、そのことを面白いこととして、Bは喜んだ。失敗は、それを見る者を元気にするようだ。特にふだん、緊張が強く、遠慮がちに暮らしているBのような子どもにとっては、保育者の失敗は大いに元気を感じるようだ。

　そのような、Bの緊張の緩むようすが保育の場でみられるようになってから、個別指導の時間を設けた。だが、個別指導の開始後、ふだんの保育の場での固さがみられたことから、かかわり方を緩める必要が生じた。「この子にとっては、自分に対してまわりの大人の関心が集まり、特別扱いされている、と感じたのかもしれない」という意見が出て、もっと自然にかかわろうということになり、その後、緩やかな指導を心がけることになった。

　なお、家庭でのようすを聞いたところ、父親からBに「人前で話せるようになる勉強」と説明があったことから、個別指導への参加を怖がる気持ちが生まれたことが分かった。そこで、保育者から「お姉さんが楽しく遊んでくれる時間」として、安心して参加できるよう説明した。

　ふだんの保育の場とは別の個別指導は、ほぼ週1回のペースで1年間行われ、次のような特徴が認められた。

【個別指導1年後のBの特徴】

①気分がよさそうなとき、好きな遊びに集中しているとき、まわりが気にしないでいる、と感じられるようなときは、やや明るい顔がみられる。

②明るい、おおらかでのんきな雰囲気の若い女性の保育者が好まれるようだ。しだいに慣れてBの方から近づくようになった。

③直接質問（何歳ですか？）よりも、それとない間接的問いかけ（「赤ちゃん、いるのかな」に「いない」と答え）、選択肢（「あのー4歳？ 3歳？、あ、5歳だっけ？」に「3歳」）と一言、あるいは、遊び半分のような保育者の独り言（「あれ、これで通れるかなあ」）に、表情が緩み、「それ、いい」と応じる。

④最初の言葉は「ちがう」で、つっけんどんな吐き出すような口調であったが、徐々に、自然な口調で短い応答が可能になった。

⑤ときどき、乱暴なようすを見せるときがある。人形を邪険に放り出すことがあった。そのとき、保育者が「あらあら、どうしたのかしら……」と大らかに対応すると、安心の表情になり、落ち着く。カウンセリングの基本となる受容的態度（愛情のまなざし）が重要かと思える。

⑥保育者がのんきに、ゆったりとBとかかわっているようすを保護者に見学してもらうことは、保護者に参考になるようであった。「家では、あれこれ口うるさく指示しているけれど、ここではゆっくり待ってくれている。この子もうれしそう」。保育者の行動が、お手本あるいは参考となって、自宅での母親の対応が柔らかになったようすがみられた。

⑦このほか、個別指導を通して、次の変化がBに認められた。

ア）初めての人や場面には緊張しているが、ゆっくり慣れるようになる。
イ）指示的な役割の保育者よりも、傍で見守る役の保育者には構えが緩む。
ウ）家族との会話は他人が近づくと小声になり、黙り込むが、少し遠ざかれば小声が復活し、居なくなれば元気な声に戻る。
エ）家族から頭ごなしに叱られると、固い表情で逃げ、悪態をつく。
オ）年少の子には、自分から近づき、指示や命令口調で話をすることがある、同じ年頃の子には、遠慮がちに遠ざかる。
カ）好きな遊びや何かに熱中しているときは、話しやすい。
キ）話す言葉は独り言や、独り言のような受け答えで、「ちがう」「そう」などの一語応答であった。

総合的にみて、個別指導の時間を楽しみに待つようになった後、全体保育場面での簡単な応答がみられることが多くなった。

4）結果と考察

本児Bとは約1年間、週に一度の個別指導をはさんで、保育の場での柔軟な気長な対応が続けられた。

緊張の低減と発話行動の改善が認められ、親和的かかわりの面でも部分的改善があった。

その結果、保育の場での成長の姿を認めることができた。全体の場での指導と個別の場での指導が、無理なく組み合わさって得られた一応の成果であると考えることができる。

1年あまりの間には、Bは「背が伸びた」「顔つきがしっかりした」「明るい色彩の絵を描くようになった」などの発達的変化があり、情緒と社会的関心にも、この子なりに成長があった。その中に、この子の保育の場での経験が、ほかの人との社会的交流を広げる上で貢献をしたものと考えることができる。

　こうした「場面緘黙」といわれる子どもは、社会的な場で口を閉ざすことで、単に口が重いということだけにとどまらず、話をしないことから、人と人が相互にかかわることから生まれる重要な社会的経験の機会を得にくい、という問題がある。保育の場における適切な発話と対人交流の援助が重視されるゆえんである。

　Bのような子どもを、問題の子であると身構えるのでなく、ごく自然な態度でいろいろな場と機会を捉えて、子どもの経験が広がるように、自然にかかわることがよいようである。幼児といえども、保育者が意図して指導的なかかわりをもとうとすると、むしろ固い動作になる。子どもなりに、こちらの態度から意図を読みとっているのである。

　治療とか、カウンセリングという固定的な固い枠にとらわれるのではなく、「子どもがのびのびと振る舞うことができればよい」という程度の解放的な関係を築く。その上で、一応の心構えをもって、しかしゆったりした気持ちで、場の流れにのって、保育者自身がゆとりをもって子どもとのかかわりを楽しめるとき、子どもの緊張は、自然にほぐれる。

　声が出る、笑顔が出る、よい機会が生まれる。そこで柔軟に援助的かかわりを考えていくことが、望ましい対応であるといえる。

3

友だちといっしょに仲良くするよりも
　　自分だけの遊びにこだわる子Cの事例

1) 相談のはじまり

　いかにも賢そうな3歳10ヵ月の男児C。

　母親と連れ立って、しかし連れられてという感じではなく、元気よく、母親と相談室に現われた。

　そして、「ぼくはCです4歳です」と、一本調子で言う。

　この少年（という感じの幼児）は、まだ4歳未満であるが、生まれたときが1、最初の誕生日で2になると自分で決めている。言いだしたら聞かない。そう言われてみればそんな気もすると、笑いながら、母親が言う。

「そう、よく来たね。ここは、いろいろな遊びができるところだよ。あ、お部屋に入る前に約束があるんだけど、いい？」

　と、すぐにもプレイルームに入ろうとするCに話しかけ、母親もいっしょに椅子に座ってもらい、次の三つの約束事を説明する。

　・遊べる時間が決まっていること
　・あぶないことはしないこと
　・おもちゃの持ち帰りはできないこと

　Cは、じれったい感じで聞きながらうなずくが、母親といっしょに反復してもらう。

　母親とは、前の週に1時間ほど面談し、子どもの心配な行動、これまでのこと、そして家族についても、おおよその話を、聞いていた。

　また、この母子とカウンセラーをつないだ保育者からは、園での

子どものようすについて、おおよその話を聞いていた。

　先にプレイについての取り決めをしたのは、この子のマイペース傾向（自分の興味関心事に集中し、それ以外には無頓着）を考慮してのことである。

　Ｃがプレイルームに案内されてから、母親は面接室でわが子のようすについて話しながら、困惑している気持ちを開示することになった。

【Ｃの母親の気持ち】
① 園では、「まわりのことを考えない困った子」と思われている。家ではそういうことはないと思うが。
② 園では、「ときどき奇声を発して混乱することがある」と言われるが、家では考えられないこと。どうしてそういうことがあるのか、心配だ。
③ 「家庭で勉強ばかりさせているのではないか」とよく言われるが、本人が、文字や数に興味をもって次々と聞いてくるから教えている。すると、すぐ覚えてしまう。偏って成長しているのではないかと、心配になることがある。
④ 「家庭でも、友だち遊びを重視するように」と、園からも言われている。自分としても近所の子を家に呼んで、お菓子を出し、本を読んでやるようにしている。しかし、すぐに、めいめいの興味で勝手に遊びはじめる。
⑤ うちの子は、友だちを呼んでもあまり喜ばない。むしろ、呼んだ友だちに対して、どうしたらよいか、戸惑っているように思える。

⑥夫は、この子は頭がいいと自慢に思っていて、私もそういう気持ちがある。だが、円満な普通の人間に育ってくれればいいとも思う。

⑦保健所で、「発達が偏っている」と言われた。だが、それならどうしたらよいのでしょうか。親として、どうしたらよいのか、教えてほしい。カウンセラーが「保健所で具体的に何か言われたのですか?」と尋ねたところ、難しい説明で何がなんだか分からなかったが、「アスペルガー的傾向」という言葉があったと不満気に答えた。

以上のような母親の話を聴き、「こちらでは、C君のようすをみながら、いっしょに考えていきましょう、併せて、園とも相談してみましょう」と受け止めた。

2)子ども理解

プレイルームに案内されたCは「やったー!」と喜び、一つのおもちゃに駆けより、手に持って鼻歌のような声を出し、動き回る。

プレイ担当のカウンセラーはCのようすを見守りながら、独り言のように「あ、やったね」「あった、あった」などと声を出す。そして、Cが移動するごとに、Cの傍に寄り、彼の動きに合わせて、「あ、それ、いいなあ」とか、「なんかうれしいなあ」などと、子どもの関心と感情を反映しながら、対応していく。

子どもはやがて、まるで舞台の主役のような、プレイ担当者は歌舞伎の黒衣(くろこ)のような、そういう不思議な関係ができ上がっていく。

"主役"が沈黙の孤独に沈むことのないように、プレイ担当者が

長距離走の伴走者のように時に励まし、時に後ろに下がり、ひかえ目に連れ添う。

子どもの主体性と主導性の尊重は、カウンセリングの基本的態度に通じる。こうして、子どもはよき理解者、よき観衆に支えられ、独り舞台の主役を演じつつ、自分の中の、親愛なる自分と向き合う不思議な時間を経験することになる。

そして、プレイ終了時間となれば、子どもと担当者は出会いのときのもとの関係にもどって、次回を約束して別れる。

以上は子どものプレイセラピーの基本であり、内気な子、落ちつきのない子、不安と緊張に苦しむ子などにも適用され、その子なりの個性と課題を知り、適切な援助の道筋をみつけることができる。

◆ひかえめに、粘り強くかかわる

このＣの場合はプレイの中で、次のような特徴がみられた。

① 歓声をあげて一つの遊具に駆けより、それを持って一人遊びを続ける。その部屋にいるプレイ担当者に、それを見せることもしない。声を掛けても、視線を合わせようともしない。興味や楽しみを、他者と共有することをしない。
② プレイ担当者を目で追うとか、顔を向け、目を合わせるなどの非言語的対人行動が見られない。
③ 黒板に文字を書くなど、認知能力には問題が見られない。

こうした行動は、母親面接と保育者からの情報とも、おおむね一致するものであった。以上の特徴を総合的に判断すると、保健所が示唆したというアスペルガー障害との一致が明らかになる。

しかしここでは、現実の場で必要となる対人関係をいかに開くかに焦点を充てて、かかわりを考えていくことにしたい。

プレイの場でCは、興味のある遊具と一体化して、それの虜(とりこ)になったような、強いこだわりがみせている。その場にいるプレイ担当者の存在は、おおむね無視される。自分の世界に籠っているようだ。
　そのとき、プレイ担当者が黒衣(くろこ)のようにいつの間にか寄り添い、子ども自身の中にある感覚、感情を言語化し、その心を代弁するようになる。「うるさいな」と思わせないようにひかえめに、その子の影のごとくに、ひそやかな存在として、心を映す存在となる。このようなかかわりを通して、子どもの関心とともにあることで、子どもの心が開かれていく。
　このように、一人の子どもの興味関心の中にかかわりの機会を見つけ、粘り強いかかわりの延長線の先に、もし保育の場であれば、おとなしい、ひかえ目な子どもとのつなぎの機会を逃すことなく、対人関係の機会を広げていくことができるだろう。

3）家族の期待と不安

　母親面接の中で表現されたことを整理すると、次の通りである。

【Cの母親面接のまとめ】

①家庭では問題と思っていないことで、園では問題となっていることに驚いている。いい気分ではない。

②意味の分からない奇声を出すなんて、信じられない。よほど辛い思いをしているのだろう。わが子は辛い我慢をさせられているのではないかと思うとかわいそうだ（不信感が垣間(かいま)見える）。

③勉強が好きな子だ。特に教えてない。親の育て方がよくないと言われているようで、不満だ。

④成長が偏っているようで心配もしている。家に友だちを呼んで

遊んでもらっているが、それぞれが自分の好きな遊びをしていて、うちの子もどうしていいか分からないようすだ。

⑤保健所で言われたことが胸につかえている。苦しい。どうしたらよいか、知りたい。

この母親には、子どもの問題を理解しようとする、知性と意欲と態度がある。母親とのカウンセリングの成果が、さらにこの子の成長を支えることが期待できる。

面接から得られた情報と、Cのプレイ中でのようすについて保育担当者に伝えて、今後の対応について協議することとなった。

4）いろいろ試みて、役に立ったかかわり方

このCのような子に、周囲の者はどうかかわることがよいのだろうか。

対象児の適切な理解と援助のあり方を考えるにあたって、その子の置かれた状況について、その子の視点から考えてみることが大切になる。Cは、周囲が見えない子かもしれない。そのため、どうしていいかわからないまま、マイペースになっているのかもしれない。そのため、まわりの子も戸惑い、どうかかわったらよいか分からないのかもしれない。

そう考えてみれば、次の二つのかかわりの糸口が開かれるだろう。

(1) 長い目で温かい眼差しを向け続けること

一見すると無関心にみえるが、この子なりに、かかわりたいと思っているに相違ない。ときどき頭を上げて、首を回しながらチラッとまわりを見る。うつむきながら、動きを止めている。耳を澄ましてまわりをうかがっているのかもしれない。

そうして、まわりの温かい視線を探しているのかもしれない。そのようなとき、この子が受け入れられる対応、あるいは固まったり混乱したりはしないような対応で、じっくりようすを見ながら行うことで、まわりが決して無視するのでなく、この子の存在に温かい心寄せを続ける。そうしたかかわりについて、多くの関係者と話し合いたい。

家族や保育者が熱心なあまり、よくなってほしいという願いから、現実のこの子の姿に失望の眼を向けることがある。そうなる気持ちを経験ある保育者が理解しつつ、大らかに助言したいものである。

(2) 可能なチャンネルを開くこと

経験豊かな保育者カウンセラーは、身近に子どもとかかわっている保護者に、親和的つながりを活かして、子どもの心を周囲に開くアイデアを具体的に示すことができる。家族だからこそできるかかわりの工夫が、いろいろある。

次のようなかかわり方を例示して、さらにこの子に適したかかわりができるように援助したい。

ア）子どもが、自分の好きなことに集中しているとき、第3章「プレイセラピーの実際例」の要領（63ページ以降を参照）で、傍にそっと寄り添い、その子の驚きや喜びについて、独り言のようにささやく。もちろん、子どものようすを見ながらのモノローグ（一人語り）である。邪魔になるようなら、フェードアウト（漸次的に一時退却）する。

イ）子どもが主役で、自分の得意な好きなことについて話をしたり、説明したりしているとき、保護者、あるいは保育者が脇役（ときには黒衣）となって、次のような表現で介入を図る。

「はーい、質問でーす！」

「あのー、教えてくれる？」

「ちょっと、いいかなあ？」

そのほか、いろいろな言い方はあるが、要するに抵抗されにくい問いかけをみつけて、時にははっきりと、時には独り言のように、繰り返す。

このようなワンパターンの表現は、繰り返しによって子どもの心に残りやすく、立場を代えて、保護者や保育者が話すことにこの子がかかわる際の、便利な型式を具体的に示すことになる。そう、期待してのものである。このような参入のきっかけとなる表現は、できれば、その子から自然に発せられた表現が望ましい。

ここに示した表現は、ある子ども（アスペルガーの傾向のある幼児や引っ込み思案の学童）に採用されたもので、カウンセラーが転用したものである。つまり「型」から入って、介入を試みるものである。保育の場でのかかわり方について、いろいろな試みが話し合われ、相互理解が進むことが、経験の蓄積になるだろう。

5）子どものよさと課題に目を向けるかかわり

人には、誰にもよさがある。そのよさを、さらに伸ばし、活かすことが個性の発見と伸長につながる。そして、人には誰にも課題となる面がある。

この事例の子のCの場合は、言語能力や数的能力に秀でている。父親も母親も、自慢である。そのよさをなしにすれば、まわりの子とのかかわりが改善されるとは、思えない。人は自分の好き、得意を栄養にして生きている。

それらを取り上げるのでなく、大いに認め、活用しつつ、課題面にも取り組める。そういう存在であるべきであろう。

　人はナマズのようなものである。人を理解し、じょうずに付き合うためには、まずその人のよさ（頭）をつかまえること、そうすれば尾（課題面）も付いてくるものである。

　このＣのような子の両親の心をつかむためには、そして、この子の課題面に効果的にかかわるには、この子のよさを大切にしつつ、課題である対人行動面で急がず、じっくりかかわるよう、助言するのがよいだろう。

　少し具体的にいえば、この子の好きな言葉遊び、たとえば「なぞなぞ」とか「しりとり」などで、かかわり合いの場を設けるのもよいかもしれない。また、いっしょに遊ぶ子には、誰か味方がつくようなハンディを付けるのもよいかもしれない。

6)「遠い目標（希望）」と「今、ここ」でのかかわり

　山登りで疲れたときの心得として、以前、友人から教えられたことがある。

　それは、次のような忠告であった。

「今、踏んでいる足元をよく見ること、一歩先、二歩先にも目配りをすること、そして、たまには目的地を思うこと。あごを出して先ばかり追うと、けがをする。時には目標、目的を思って、元気を出そう。しかし、今ここでの現実を、忘れてはなるまい」

　カウンセリング心理学を専攻し、カウンセラーとして多くの人とかかわってきて、今、あらためて、この言葉を思う次第である。

7）心を開き、地域の資源と結ぶ

　わが子の課題面、好ましくない面になると、保護者は心を閉じて、周囲に助けを求めることをためらう傾向が、一般にある。

　しかし、それでは課題の解決に向かうことはできない。

　たとえば、インターネットで情報を検索し、地域の相談機関に目を配り、療育相談にも手を伸ばし、積極的に活用することが望まれる。

　ただし、中途半端なネットショッピングなどによって、一時的不安解消になるようなことのないようにしたい。

　子どもにかかわるには、よさにばかり目を向けるのでなく、誰にもある課題面の改善に、積極的に取り組むことが求められる。保護者としても、社会人としても、周囲とかかわり、広く社会関係を開くことも大切かと思う。

　以上、本章で紹介した事例は、筆者のもとで学び、プレイセラピーの実践経験をもつ者との連携作業の中から、その一部を紹介したものである。

第2部

保護者の姿を どう受けとめ、どう かかわるか

第5章

いろいろな保護者の姿

1
朝の出会い

　朝の光の中、三々五々と保護者に連れられて、子どもたちがやって来る。保育者が出迎え、挨拶を交わす。朝の短い出迎えの時間に、保育者は、保護者と子どものようすを、観察する。

　朝は、忙しい。時計に追われて子どもを引き渡す保護者や、振り向きもせずに通勤電車へと急ぐ保護者もいる。その親の背中を長く見送っている子もいる。さっさと背中を向ける子もいる。

　また、今朝の子どものようすを詳しく説明する保護者、あれこれ要求をもち出す保護者、また、保護者どうしの間でも親しく会話する人、さっさと引き上げる人など、さまざまである。

迎える保育者にも、いろいろな姿がみられる。事務的に子どもの受け渡しを終えることの多い人、慎重に連絡事項を確かめる人、保護者との親しい対話に重きを置く人、子どもといきいきと交流を始める人、そして、子どもと保護者のようすをしばらく観察している人もいる。

　保育者にとって、朝の出会いは、子どもとこの日最初のかかわりの中で、子どものようすを観察する絶好の機会であるが、それだけでなく、保護者との大切な情報交換の機会でもある。

　子どもの顔色は、その日の子どものようすとともに、その家族の姿を示唆するものとなる。朝から叱られていた子、愛情にくるまれて元気いっぱいの子、家族の中で多分いろいろな問題が出ているかもしれない子など、なんとなく、子どものようすに出る。

　また、保護者のようすにも、子どもと家族の家庭でのようすが、垣間見えることが多い。

◆保護者の態度は子ども理解の手がかり

　そうした観察は、単なる興味本位のものでは、決してない。子どものようすを知るためだけ、でもない。

　保護者の理解と可能な援助のための手がかりになり、ひいては、子どもの心身の健康と幸福に貢献するための情報にもなる。

　子どもほどには、気分や感情を顔に出さない保護者が多いが、それでも、子どもに対する保護者の態度は、自ずとそのしぐさや雰囲気に出るものである。

　ある父親は、妻に言われるままに子どもを送ってきたものの、せっかくの親子の交流の時間を楽しむ余裕もなく、子どもを預けるやいなや、急ぎ帰って行く。また、ある老婦人は、孫を手渡した後も、

孫に手を振って声を掛けている。

そして、ある母親は、ひかえ目な保育者にあれこれ注文をつけて帰る。「子どものことが心配で」というよりも、若い保育者に注文を付けること自体が主眼のようで、好ましい関係づくりにとって、かえってマイナスを引き出すことにもなる。

保護者の情報は、保育者にとって、子どもの理解と援助の手がかりとなるが、保護者との関係を通して、子どもへのさらなる適切な援助へと道を開く可能性をもっている。

保育者に期待されること、それは、保育の場での子ども支援だけではない。保護者と保育者の適切な関係性を構築し、保護者のいろいろな悩みを理解し、保護者に対する可能な相談援助を行うことも、子どもの幸福への援助の姿として期待される。

2
保護者と保育者

保育の場は、今日、子どもと、その保護者との多様なかかわりの渦(うず)の中にあるように見える。

熱心な保護者がいる。多忙な生活の中で保護者会の運営に真剣にかかわって協力を惜しまない人、わが子のことには熱心だが、ほかのことにはなるべく口を出すまいとしている人、何かにつけて遠慮がちな人、その反対に、何かにつけて苦情を言い立てたい人など。

そうした保護者との関係に、保育者はどう対応するのか。

保育者の経験が、その人の性格などとからまって、さまざまな対応の姿になる。保育者の中には、保護者によって対応をはっきり変

えるような人もいる。個人的なかかわりをなるべく避けようとする人、注意深く、さりげなく保護者との関係に配慮する人、積極的に声を掛け、楽しむ人などなど。

　保護者とのかかわりに悩み、苦しむ保育者も少なくないように見える。では、保護者の心をどう理解し、どう適切な関係を結び、子どもの保育に活かすことができるのだろうか。

◆距離を保ちつつ、協力し合う知恵

　保育者が保護者の相談に乗り、連携を図ることになったとき、留意しなければならないことがある。それは、保護者と保育者の間で、ともすれば父親と母親の間のような、あるいは、姑（しゅうとめ）と若い母の間のような考え方の相違をめぐる感情の問題が、新たに生じることである。

　子どもの保育にかかわる人と人との間で、互いに理解し合うためのさまざまな試みが必要になる。ある子が、
「お母さんより、保育のお姉さんのほうがやさしい」
と言ったことにより、保育者側と保護者側の間に、微妙なしこりが生まれることもあるのだから。

　適切な距離を保ちつつ、協力し合う知恵が求められる。

3
保護者の悩み、いろいろ

　今日、子どもの理解と指導をめぐる、保護者の心配や迷いや葛藤は、実に多岐にわたり、保護者の心を重く悩ませている。

　その背景には、子どもとのかかわり方をめぐる家族のあり方の多様化がある。かつて、母親と祖母が、幼い子どもの家庭保育のもっ

ぱらの担い手であった時代が長く続いた。その頃と比べて、この頃は多様化が顕著である。

主に母親一人に責任が集中する家庭や、母親が主導して父親がかなりの実行に当たる家庭がある一方で、父母ともに夜間を分担し、昼のほとんどが園に委ねられる家庭や、あるいは父母ともに常に外に出て、子どもは一人家でテレビを見て過ごす家庭もある。

こうした家庭環境の拡張にともなって、保育に欠落が生じることが心配されるようになった。

子どもの養育をめぐって、両親の間で、あるいは嫁と姑の間で意見の相違が大きく、その間に子どもがはさまれて、適切な一貫した対応がとれない、といった問題が起こる。また、子どもを通して、近隣の人々との関係も、保護者の悩みの種になっている。

◆以前より多くの問題をかかえる子どもと保護者

さらには、そもそも子どもの個性をどう理解するのか、どういう手立てがあるのかについても、そして、子どもの将来をどう考えるとよいかについても、保護者に迷いと葛藤がある場合が多い。

しかも、子どもたちは、以前に比べて非常に多くの問題をかかえている。以前よりも手のかかる子どもたちが多く、その結果、すべての子どもを漏れなく、一貫して支える子育て関係者のための課題に応えるには、子どもに対するかかわり方の工夫に加えて、保護者への粘り強い援助的かかわりが求められることになる。

保護者は、昔に比べて、はるかに多くの負担を抱えている。

どうすれば、保育者が保護者の相談に乗って適切な関係を構築し、保護者と協調し、連携して子どもたちを支えることができるのか。これが、これから考えていきたいテーマである。

◎保護者との連携のために ── ①

日々の子どもとのかかわりの悩み

　日々の、子どもとのかかわりの迷いと悩みは、実は保育者自身が、かかえていることでもある。しかし、保護者としての苦労は、立場と関係の相違から、保育者のそれとは、似て非なるものがある。

　保護者は、幼い者の今の生活を、経済面でも健康面でも、養育と教育の面でも支え、日々の生活を通してかかわっている。

　それだけではない。その子の過去と将来を結ぶ生涯の生活に、責任をもっている。子に対する期待も大きく、また、それゆえに失望することもあり、厳しくあたることもある。

　そういう多面的、歴史的かかわりの中で暮らしている。

(1) 言っても聞かない、叱っても効かない

　家族であるがゆえの子育ての悩みごとに、
「うちの子は言っても聞かない、叱っても効き目がない」
　ということがある。

　家族だから、毎日いっしょにいるから、子どもには安心感がある。叱られても、保護者がいずれ機嫌がよくなることを、子どもは承知しているのである。そこが、保育者の場合とは違う。

　だから、「私がちょっと注意すると、よくきいてくれます」と言うような保育者は、保護者ほどの安心を得ていないことを物語っているともいえるかもしれない。

　「それは、家族だからこその姿かもしれませんよ」などとコメントした上で、その子の保育の場でのようすを保護者に話す。

　それで保護者に安心してもらって、それから良いことをしたときの褒め方について話し合うのもよいだろう。

人はふつう誰しも、人に認められることが、第一に求めていることである。だから、できたことを褒めてやれば、片づけを進んでやるようになることがある。身のまわりの整理なども、いっしょに手伝いながら、手順を示してやって、ときどき褒めてやれば、調子が出てくるようなことにもなり、習慣化を工夫することで効果が上がるかもしれない。

　また、これも家族であるからこそであるが、子どもは「親から愛されているかどうか」を、いつも気にしている。

　一度でも愛されていない、嫌われていると思い込むと、些細（ささい）なことで親を試そうとする場合があり、そのような試みのひとつとして、言われても聞かないという抵抗に出ることがある。そして、大変不幸なことに、一度抵抗して叱られたり、無視されたりすると、子どもも親も、後に引けなくなってしまう場合もある。

(2) わがまま、甘え

　これもまた、家族なるがゆえの悩みと言ってもよい主題である。動物園に行くと赤ちゃんライオンが母ライオンの体の上で遊び、顔に乗ったり、首に甘噛（あまが）みしたりして、うるさがられる光景を見ることができる。母ライオンが手で払い除けてもまた、はい上がる。そのようすは、人間の親子の姿を思わせる。

　甘えや、わがままを言うのは、幼い者のいわば仕事のようなものかもしれない。とはいっても、保護者にしてみれば、「もういいかげんにしてくれ！」と言いたくもなる。「今、この子は仕事をしている」と、思えばよいのだが。では、どうするか。

　それは、この一時期だけの姿と認識して、大きく構えることが第一である。その上で、親と子のかかわりのリズムを考えてみる。

たとえば、親子がくすぐり合うような、互いに身体接触を体験するようなべったりの時間の後は、それぞれが自分の活動に専念する。

そのような生活の中のかかわりの幅、関係の距離を広げるような工夫が、効果を上げるかもしれない。執拗なわがままと甘えには、子の側の、時には親の側の、さびしさが潜んでいる可能性がある。

(3) だらしない、食べ物をこぼすなど、生活習慣の問題

これもまた、家族だからこそ、いつもいっしょに暮らしているからこその、保護者の悩みである。食事の時間はいつも注意ばかりしている、くどくど叱ることになる。そうなってしまうことが多い。

いろいろと対策が考えられるが、たとえば、家庭で食事するときはテレビを切って、家族で話をする。子ども一人に食事させるのではなく、いっしょに楽しく食事する習慣づくりが、有効な対策のひとつとなるかもしれない。家族そろって食べることに注意を集中し、よく噛むことにして、小言や不満をなるべく言わずにすむようにすることも、対策のひとつになるかもしれない。

食事は、心身とも、健康の第一歩であるから。

(4) おねしょ、寝坊、チックなど、発達と習慣の問題

これらについては、保護者が、どちらかといえば保育の場では相談したがらない問題のようである。だが、このような問題に対しては、子どもの心身の発達について学び、多くの子どもに接している保育者に、まず相談することが望まれる。

専門的経験に照らして理解を深め、可能な手掛かりを検討することや、神経系の発達を待つ必要がある場合もある。また、保護者と保育者の話し合いを踏まえて、医師や保健師などに相談し、関係機関につなぐことが必要な場合もある。

◎保護者との連携のために —— ②
子どもの友だちづくりに関する心配や悩み

　子どもは、昔は「寄り集まって遊ぶもの」、それが子どもの仕事であるとさえ言われた。

　しかしこのごろは、そのような子どもの姿を見かけることが、極めて少なくなっている。大気汚染や土壌汚染、紫外線の心配を挙げる意見も聞かれる。

　むしろ、このごろの子どもは、外遊びが嫌いなのだとも言われ、また、外に出なければならないほど大きな集団がつくれない、せいぜい3～4人が集まるだけであり、遊びは室内で事足りると言われる。コンピュータ上のアニメーションやゲームに夢中で、身体を動かすことを忘れてしまったのだ、とも言われる。

　こうした指摘は、子どもの健全な発達が危ぶまれる状況が、現実にますます進みつつあること指示しているように案じられる。このような危惧が杞憂に終わるためには、わが国の各方面で、子育てと教育のあり方に十分な思慮と対策がなされなければならない。

　　　　　　　　　　　　　　　　◆保護者が対人関係を知る機会

　保育の場のように、幼い子どもが集まって、集団の中で生活し、そこでの多様な社会的かかわりを経験できる場は、ほかにないのではなかろうか。その上、保護者も、そこに加わることができる。

　保護者にとっても、保育の場は、子どもの対人関係を実際に知る機会となる。相談によって、子どもとの適切なかかわり方の手がかりを提供してくれる場である。子どもの健全な発達を目標として、保育者と家庭、地域との協力、連携、相談の仕組みづくりが強く望まれる。

著者の友人、田上不二夫氏を中心とするカウンセリングの仲間が「対人関係ゲーム」なる集団遊びを開発し、広く多くの学校で採用されるようになり、不登校やいじめ問題の解決に、顕著な成果を挙げている。その中には、保育の場でも使用できるものがある。

　そこから、幼い子どもの保育の場として、さらに適合する活動がいくらでも開発できるのではないかと思う。ぜひ保育の場での実践的な取り組みの展開を期待したい。

◎保護者との連携のために ── ③
他の子と比べて気になる子

　保育参観のときなど、保護者はただ一人の子を見つめ、うちの子はどうかと注意を集める。「どうにかやっているようだ、楽しそうだ」と見ればひと安心、作品を見て、ほかの子の出来ばえのよさに驚き、うちの子の作品に不満をもつかもしれない。

　保育参観は、集団の場での子ども理解のよい機会である。子どもには、とにかく元気にしていたことを認めてやりたいものである。

　保育の場で目立つ行動と、目立たない行動がある。活発な子、動きの激しい子が、すぐに分かる。その傍らにはひかえ目な子、元気のない子がいる。保育の場に、それぞれの個性の一端がみえる。

　発達上の心配がある子どもの保護者は、「うちの子の気になる行動に、周囲の子がどう、かかわってくれているか」「保育の先生がどう対応しているか」に注意を向ける。

　しかし、子どもの好ましい行動がどういうときに見られるか、そのとき周囲がどう受け止めてくれているか、という面には、とかく目を向けていないことが多い。

◆子どもの好ましい姿に気づいてもらう

　そのような場合、保育者の第一の役割は、子どもの好ましい姿に触れて、保護者に安心してもらうことであろう。

　子どもの性格、行動上の心配を感じている保護者の場合にも、同様である。とかく保護者は、わが子の気がかりな面にのみ注目して、辛い気持ちで、子どもの行動を見ている。

　しかし、子どもは、いろいろなよい面をもっていて、仲よく遊びに興じている。それが参観のときにも表れているが、そこには眼が向かない。保育者がそのことに触れて、初めて気がつく保護者が多いのである。

　保育カウンセリングは、集団と個人がかかわる場で、そうした好ましい姿がもっと現れるにはどうしたらよいかを、相談する場でもある。機会をとらえて、保育者と保護者が前向きの相談をすることを期待したい。

◎保護者との連携のために ── ④
保護者間のつき合い

　保護者の中に、しだいに、仲良しグループが生まれる。

　家が近いとか、同じ職場に通っているとか、子どもどうしが仲良くなったとか、そのようにして発生した小集団の中で、保育者や保護者仲間についても話題になる。意見をリードする人、同調する人が生まれ、時には、ほかの保護者と口論になったりする。

　そして、リーダー的な保護者から嫌われたある保護者が、保育者の誰かに訴えて、保育者が巻き込まれることがある。

　保育者の心がけとして、保護者の誰とでも好意的に、しかし、あ

る適度な距離を保って、大らかにかかわること。

　うわさ話や他人の悪口には、決して乗らない、保護者一人ひとりに親しむが、友だちにはならない、という姿勢を保持したい。そうであってこそ、個人的な相談にも乗ることができるのであるから。

　保護者間の問題、たとえば「無視された」「悪口を言われた」などの相談を持ち込まれた場合、保育者は、保護者その人の気持ちを温かく受け止めるが、決して「同調」はしない。

◆相談には「同調」でなく「共感」で返す

　「共感」と「同調」の相違については、この後で、また取り上げることにするが、「共感」をもって傾聴するということは、「同調」とは、ちがう。つまり、話し手の感じる感情に深い理解を示すが、その内容についての判断はあくまでも話し手本人のものであり、同意する関係にはならないということである。

　たとえば、ある保護者から、「△△さんからこう言われた。どう思いますか？」と聞かれたとする。その場合、保育者としては「そのことで、あなたはどういう気持ちになっているの？」と質問して、本人の感情の表現「つらい」を引き出し、その感情に深い理解を表すことである。そして「そう、つらいのね」「あなたの辛い気持ちが私に伝わっています」などと応じる。

　しかし、話の中の相手「△△さん」がひどい人などと、話し手の肩を持ったりは、しない。あくまでも、話し手の気持ちを映すことに、誠実に務めるのである。親しく、穏やかに、話し手に耳を傾け、その気持ちを深く共感的に受け止めて、返す。

　すると、話し手は自分の気持ちを、自分で、見つめることになる。これが、カウンセラーの役割である。

◎保護者との連携のために ―― ⑤

夫婦、家族関係の悩み

　保護者からは、夫婦の関係や、舅・姑（しゅうとしゅうとめ）との関係について、話を聞くことがあるかもしれない。そのとき、もしも話し手の肩をもつような応え方をしたなら、どうなるだろか。

　たとえば、夫とけんかした直後だったが、間もなく仲良くなった妻は、かえって「あの保育者の〇〇は冷たい人よ。あなたのことを、"わがまま男"って言ってたよ」と言うかもしれないのである。

　実際に、その保育者は「男って、たいがいわがままなのね」と、自分として感じたままを言ったのであるが。

　　　　　　　　　　　　　　　◆相手につられて自分の意見を言わない

　強く、心しておきたいことがある。それは、決して、話し手の肩をもったり、相手につられて自分の意見を言ったりしないこと。

　そのようなことのないように、あくまでも相手の考えに付随している感情を受け取って、保育者は、温かく感情を映す"鏡"となること。それが、話し手の自己理解へと通じるヒントとなる、カウンセリングの基本であるということである。

◎保護者との連携のために ―― ⑥

自分自身のあり方

　人として、どう生きるか。何を目標にして、自分を方向づけていくか。自分自身のあり方を考える、その手がかりを求めて、カウンセリングを受ける人が多い。

　こうした、自己探求の過程に寄り添い、自己理解と自己決定への援助者となることが、カウンセラーの役割である。

子どもと、どうかかわるかというテーマも、家族のあり方の探求も、保護者どうしのかかわりの悩みも、結局はこの、"自分自身のあり方"のテーマに連なっている。

　保育カウンセリングの重要主題は、子どもとともに、家族とともに生きる保護者自身のあり方の探求という、大きなテーマの中の一部分になってくる。

　　　　　　◆クライエントの心を映す、純粋な"鏡"となる

　カウンセリングとは、クライエントとカウンセラー、二人の言葉や態度による相互作用である。

　クライエントが、自分の問題意識や気持ちを表現し、一方のカウンセラーがその人を愛情深く受けとめ（受容）、その気持ち（見方・考え方・感じ方）に寄り添って、理解（共感的理解）し、その理解を素直に表現する。そうすることで、クライエントが自己理解を深め、自ら問題解決の道を見つけていく、その側面的手助けすることである。

　つまり、カウンセラーは、あくまでもクライエントの心を映す純粋な"鏡"となる。そして、クライエント自身が、そのようなカウンセラーとのかかわりを通して自分の気持ちを見直し、自分のありのままの心に気づき、自分らしい主体的な生き方を見つけていくのである。

第6章

個性理解の枠組みとカウンセリング

1
パーソナリティ理論は人間行動をどうみるか

　人は、いかなる存在なのか。生まれながらに組み込まれた遺伝的な要因が、徐々に現われ出ていくものなのか。それとも、環境的な要因によって、「パーソナリティ（その人のその人たるところ、個性）」が形成されるのか。あるいは、本人が自らを変えることができるのか。

　この章では、このような人間の個性の成り立ちと、変化の要因に関する考え方について、取り上げてみよう。

　それは、私たち一人ひとりの中にある考え方（人間は簡単には変われない、心がけしだいで人はよくなる、など）について振り返ることになるだろう。

1) 決定論か、選択論か

パーソナリティは、生まれながらに決められているのか（決定論）、それとも、本人の自己決定によって変えられるのか（選択論）、それが、決定論か選択論かの相違である。

このどちらか一方の側に立つ論議は、今日では省みられないだろう。しかし、何か重大な決定をするとき、あるいは、運命と考えたくなるとき、一人ひとり、そのときどきの思考の中に、ときどき浮かび上がる。

人生の出来事は、ある程度の素因を背景にしているが、自分で決定していくことるができると考えるとき、前向きな姿勢になれる。

2) 悲観論か、楽観論か

この世界は、やがて終わる。地球に彗星(すいせい)が衝突して、大爆発が起こる。太陽も、いつか衰える。

だから、努力しても無駄だと考えるのか、それとも、たとえいつの日かそのおそれがあろうとも、新しい知識と技術によって対処できないことはない、と考えるか。

私たちの中に、今も、そうした悲観論と楽観論が、巣食っているように思える。

カウンセリングは、楽観論に立つ。人は、悲観論あるいは極端な終末思想によって諦めてしまうことなく、自分の現実を吟味し、可能性を求めて、自分の道を積極的に探究し、自分らしく生きる。

そのような生き方の選択に側面的援助をすること、それがカウンセリングである。

3）意識か、無意識か、前意識か

　人の行動は、「意識」によって制御されているのか。

　それとも、「意識」できない「無意識」の衝動によって動かされているのか。あるいは、意識できることもあるが、意識に上らないこともある「前意識（注意を向ければ意識に上る）」によって、人は行動しているのだろうか。

　この、やっかいな問題に、真正面から取り組んだ人物が、オーストリアの精神科医フロイト（Freud, Sigmund 1856〜1939）である。フロイトは、人間を氷山にたとえて、「海中にある大きな部分」が無意識、「海面に出ている部分が」意識、そして、「波によって見え隠れする部分」が前意識だとした。

　ひとつ、例を挙げてみよう。ふつう他人と仲よくすることは善、傷つけることは悪と教えられている。しかし、ある日、大切にしているノートを友人に貸したところ、その友人が電車にノート忘れて紛失してしまった。悔しいし、残念だ。後日、その友人が溝に落ちる夢を見た。すると、気が済んだ。

　このことを、どう理解することができるだろうか。

　自分に悲しい思いをさせた人物に罰を与えたい動機が、心の中にあった。それが、無意識のうちに、その人物が溝に落ちる夢を見させたと解釈することができる。

　つまり、人間の心には、ふだんは気づかない「無意識」の領域がある。その無意識の上に「意識」の領域があり、意識と無意識の間に、ときに意識に上ることもある「前意識」の領域があるとする心の構造の理論が、フロイトによって創案された。夢や言い間違いは、いわば、"意識の検閲を逃れ出たもの"と考えたのである。

4）因果論か、目的論か

　原因が何かあって、その結果としてある行動が生じる、という考え方は「原因－結果」による因果論である。

　ある人物への不信や不満があり、それが原因になってその人物がけがをする夢（結果）が生まれたとする見方であり、因果的な決定論でもある。

　科学は、原因と結果の関係を追究してきた。人間行動に関しても、そういう見方がある。フロイトは幼児期の経験のありようが成人の神経症の原因になると考えた。そのような考えを敷衍して、ある青年がたとえば、傷害事件を起こしたのは、幼児期の父親との葛藤が背景にある、と考える人がいる。

　過去を変えることができない今、どうしたらよいのか。フロイトは、自由連想や夢の分析によって、本人が思い当たる過去について、分析医と話し合うことが有効であると主張した。

◆無意識のからくりを理解するフロイト

　フロイトの精神分析理論は、20世紀の臨床心理学とカウンセリング心理学に、大きな影響を残した。

　たとえば、幼児期に父親に対し抱いていた接近欲求を母親によって阻まれ、無意識の世界に抑圧した女性は、思春期になってなぜか、父の面影と重なる男に恋心を抱く。幼児期に母と結婚したい願望を無意識の中に抑圧した男性は、青年期になって母の面影を求めて恋人を選ぶ。さらに、女性は結婚した男性の母親をライバル視し、男性は結婚した女性の父親を敵視する傾向に言及することがある、など。

　では、こうした見解から、家族の深刻な問題を解決するにはどうするべきか。

フロイトによれば、長い間の面接によって、無意識のからくりを理解するように導くのがよいという。

◆「心を反転」させたパールズのゲシュタルト療法

フロイトと対立したパールズ（Perls, Frederick S. 1893〜1970）は、"過去の出来事"について話し合っても、葛藤は解決できないと考えた。"今ここ"での経験こそ、大切であると考えたのである。

パールズの主要な方法は、イメージによって"過去"を今に呼び起こし、目の前の椅子に腰かけている父をイメージし、その父に心残り（たとえば、愛してほしかった思い）を、今ここで表現する。次に、父側の椅子に移動して父に変身し、向かいの椅子にいるはずの息子に詫びるように導く。"過去"を"今ここ"にもたらして、父親にコンタクト（接触）することによって心残りの思いを表現し、現在の自己の生き方を考えることになる。

このような理論・技法を「ゲシュタルト療法」という。「ゲシュタルト（Gestalt）」とは、20世紀初めドイツを中心に興ったゲシュタルト心理学から引いた言葉である。

たとえば、三つの点をたどると三角形のようなひとつの図形が見えるように、あるいは1音1音のまとまりによって特定のメロディが構成されるように、「意味のあるまとまり」というほどの意味が、「ゲシュタルト」である。

たとえば、ある図と地には、今まで昇れない階段として見えていたものが、ある瞬間に、昇れる階段に見えるようになる、知覚の反転現象が起こる。パールズは、こうした知覚の反転と同様に、クライエントの心の世界に劇的変化が起こることを示して、評判を呼んだ。いわば、ゲシュタルト心理学の、臨床への転用でもある。

◆前向きに生きることを提唱するアドラー心理学

　また、やはりフロイトに学び、やがて独立したアドラー（Adler, Alfred 1870～1937）は、そもそも心を「意識」と「無意識」に分けることに、異を唱えた。

　アドラーは、心は「分割できない（in-devide）」ということを示す、「個人心理学（indevidual psychology）」を提唱し、さらに、現在の問題の原因を過去に求めること（決定論）にも反対した。

　アドラーによれば、人は目標（優越への意志）をもって今を生きていく存在であり、"今ここ"からの目標を語ることで、人は前向きに生きること、そして、誰かに役に立つことこそが健康と幸福への道である、と説く。アドラー心理学は、人間を前向きで肯定的存在と見ることで、今の人と社会に適合しているように思える。

　カウンセリングにおいて、クライエントは、"今ここ"での自分を考え、実現可能な目標を考えて、積極的に歩き出すことができる。

　なお、もう一人、フロイトの考え方から離れて、新しいカウンセリングの理論と方法を創出した人に、ロジャーズ（Rogers, Carl R. 1902～1987）がいる。ロジャーズの理論については、次の第7章で、詳しく解説したい。

5）生物的決定か、社会的決定か

　人は、生物学的存在であると同時に、きわめて社会的存在である。一個の生物としての体をもちながら、家族や地域社会の一員として社会生活を営み、教育機構の中で学び、職業生活を送る。その意味で、生物的かつ社会的生活体として、多面的に、総合的に、一人の人間を総体として理解すべきである。

第3章で少し触れたバンデューラ（Bandura, Albert 1925〜）は、たとえば、体を揺する歩き方が父に似て、恥ずかしげに笑う仕草は母に似る子どもを想定する。

　このように、親を「社会的モデル（手本）」として、価値観や性格が形成される現象に、「モデリング（modeling）」という言葉を与え、社会的学習理論をとなえた。後に、行動にはそれに先立つ可能性の認知（自己効力感 self-efficacy）が伴うことを指摘して、社会認知理論を提唱した。

　不安になりやすさや活動性なども、親から子へ、教師から生徒へのモデリングによる影響をみることができる。

　バンデューラは、怖がりの子は、実際の事物よりも怖い思いをするかもしれないという「予期的認知」をもつと考えた。その予期的認知と、さらにそうした事態に適切に対処できないことを恐れて、引っ込み思案になっている。だから、そのような事態に適切に対処できそうだという「自己効力感」（可能感）をもてるような、漸次的達成経験を重ねることが肝要である、と説いた。

　本書の中で、子どもへのかかわり方として説明した論拠の一つが、この「予期的認知」と「自己効力感」の考え方である。

6）独自性と共通性

　ある子どもは、母親からは笑う表情を受け継ぎ、父親からは首の傾げ方を受け継ぎ、やがて、どちらの親とも違う、その子らしい身のこなしを身につける。このように人は、数多くの対象から「共通性」を集めることによって、「独自性」を発揮することになる。

　学び方についても、同様なことが言える。

アイゼンク（Eysenck, Hans J. 1916 ～ 1997）という心理学者は、独自な個性とは、多数の性格変数の「交点」である言った。

また、オルポート（Allport, Gordon.W. 1897 ～ 1967）は、人それぞれに、「これが私だ」という、他と異なる独自な特徴、「固有我（proprium）」をもっていると言った。

こうした考え方を踏まえれば、カウンセリングは、クライエントの個性的適応を援助することによって、その個人の個性の実現に貢献する仕事であると言える。

7）人間の基本的動機は何か

人には、内部から駆り立てる動機（行動への契機、欲求、要求）があり、環境には、人を引きつける多くの誘因（興味・要求の対象）がある。たとえばフロイトは、性的欲求に根ざす生きる欲動を重視し、アドラーは、社会的優位性を求める力への意志を重視した。

人の動機となる要求について、総合的に捉え、階層説を唱えたのが、マズロー（Maslow, Abraham H. 1908 ～ 1970）である。

マズローは、五つの階層を提示した。まず、人の要求のもっともベースに「生理的要求」を置く。

水や食料など、生理的要求がある程度充たされると、次に「安全要求」が行動を導く上で重要なものとなる。

安全要求がある程度充たされると、三つめに「愛と所属の要求」が出てきて、四つめに「自尊要求」が全面に出る。

そして、五つめ、最後の「自己実現の要求」によって動機づけられるようになる。だが、これは誰にもというわけにはいかないと考えた。

カウンセリングにおけるカウンセラーの役割は、クライエントにまず「愛と所属の要求」を充たし、尊重することで「自尊要求」が芽生えるように、そして、自己実現要求へと向けて、やがてクライエントが"自分らしさ"を追求するに至ることが目標となる、と考えることができる。これは、マズローのカウンセリング観である。

8）人はどうしたら変われるのだろうか

　どうすれば、人は変われるのだろうか。人は、誰かに言われて変わるのだろうか。その場で一時、他者に合せることなら、そうするだろう。しかし、本心から言われる通りになれるものだろうか。

　そうではない。人は、自分なりの考え方・見方の枠（構え）をもっていて、それに合わない意見を受けつけることはしない。

　カウンセリングの影響の仕方は、その人の考え方・ものの見方に、謙虚に耳を傾けることから始める。この点では、本章でここまで紹介した心理学の諸学派の間でも、あまり相違はない。カウンセラーの第一の仕事は、傾聴である。そこから人は、自ら変わる。

　以下、カウンセリングの理論についてみていこう。

2
性格の多面的総合的理解

　保護者と話をするとき、保育者は、「その人がどういう人か」を頭の中において、かかわっている。おおざっぱなところのある人なのか、ちょっとしたことで気にしやすい人かなどによって、使う言葉や説明の仕方を、微妙に変えている。

実際、相手の性格をよく考慮して他人とかかわることは、対人関係の仕事をする人にとって、きわめて大切である。性格を理解する観点として、まず、性格心理学の知識を参考にした上で、実際の観察による特徴によって細かく個性を把握するとよいだろう。

　心理学者によっていろいろ吟味され、一般に知られている五つの性格次元、いわば"性格をみる軸"がある。村上宣寛・村上千恵子による解説［2004］をもとに、以下に紹介する。

◎性格次元 ──①
向性；《外向性か－内向性か》
　人の性格を判断する際の、もっともはっきりした観点となるのが、「外向性」と「内向性」を結ぶ軸の、どの辺りにその人が位置しているかを見ることである。「外向性」の人は、社交的、人づき合いの広さ、流行に敏感、などによって、それと分かる。「内向性」の人はひかえめ、恥ずかしがり、大勢よりも少数の人とじっくりつき合う、などによって、それと分かる。

　そして、外向性と内向性を結ぶ軸の中間には、「流行に敏感だが派手ではない」「リーダータイプではないが、自分の意見はもっている」などの、多くの人が収まる。

◎性格次元 ──②
協調性；《周囲の状況に目が向くか－マイペースか》
　協調性の顕著な人は、まわりの人のようすに気を配る人であり、協調性の低い人は、そういう感じがしない、マイペースで自分の考えや流儀にこだわり、なかなか自分を変えない人である。

協調的な人は温かく、気前よく、他人の気持ちに敏感であり、共感してくれる人としてまわりから好かれ、信頼される。一方、協調性の低い人は、たとえば保護者会などには参加をしぶり、自分のことになると我(が)を張る傾向がある。

◎性格次元 ──③
勤勉性；《生真面目で責任感の強い人－気まぐれで、怠け好き》
　日本人は、概して勤勉性が高く、受けもった役割はきっちりこなすので、企業の生産性も高いといわれている。少しの時間ができると、私生活でも、熱心に調べ物をしたり、料理の工夫をしたりする。
　一方、勤勉性の低い人は、なるべく骨の折れない仕事や役割を選び、ちょいちょい息抜きをする。しかし、物は考えようで、のんびり構えて、よいアイデアを提供することもある。

◎性格次元 ──④
情緒安定性；《おおらか、おっとり－神経質（不安と緊張）》
　情緒安定性は、何か困った事態が起きたときの対処のようすによって明らかになる。じっくり、おっとりと構えて気楽でいられるか、それとも、さあ困ったと緊張し、不安になり、対処の知恵が浮かばないか。
　仕事ぶりにも、特徴が表れる。情緒安定型の人は、いろいろな人材や組織を活かして無理のない案を提出し、いったん、こうと決めたら、その成果を待つ余裕がある。
　しかし、情緒不安定な人は、些細(ささい)なことを気にして動揺してしまい、安定した成果を上げることに苦心する。

◎性格次元 ——⑤

知性；《冷静沈着－こだわりと混乱》

　ここでいう知性とは、いわゆる知能指数で測定できるようなものではない。いろいろな事態に冷静に合理的に対処できるか、それとも、些細なことにこだわって混乱し、冷静に行動できない傾向があるかを結ぶ軸である。組織のリーダーとしては冷静沈着型の人が向いており、また、実際によい成果を上げる。

◇◇◇＜総合的理解の手がかりとして＞◇◇◇

　保護者としては、子どものようすを適切に理解し、冷静に対応することができることが望ましいが、子どもどうし、保護者どうしのかかわりの中で、こだわりと混乱を経験する場合が少なくない。

　その保護者のようすも、わが子かわいさからの行動であると、冷静に観察する目が、保育者には特に求められる。

　カウンセリングを学ぶことによって、保育者としての自己理解とともに、保護者を多面的に理解し、柔軟に子と保護者と職場の仲間を理解し、よい関係を築くことに役立てて欲しいと願うものである。

　ここで紹介した、人の性格を見る五つの軸（次元）のうち、もっとも重要なもの（個人差をよく説明する軸）は、「向性（外向－内向）」である。これに、人間関係に不可欠な協調性の軸を組み合わせてみると、次の四つの生き方のタイプが見えてくる。

　　①外向性で気配り上手な人（よきリーダー）
　　②外向性でマイペースな人（まわりへの配慮が課題）
　　③内向性で協調的な人（内側を支える人）
　　④内向性でマイペースな人（孤独を楽しむ人）

ほかにも、軸と軸を組み合わせをみていくと、いろいろなタイプが浮上する。121ページで挙げたアイゼンクは、向性と神経症傾向とを組み合わせて、神経症の二つのタイプを説明しているが、ここでは割愛する。

第7章

人間中心カウンセリングの理論

1
ロジャーズの人間観

◎ロジャーズの人間観 —— ①

時代的背景

　アメリカにロジャーズが登場した20世紀前半のカウンセリングとは、クライエントと面接してカウンセラーが能力適性を判断し、適切と思える職種について権威をもって勧告することが、主であった。これは、当時の青年向けの職業相談であり、その基本はカウンセラー中心の方法であった。

　この時代、心理療法の分野ではフロイト（116ページ）の精神分析など、分析家がクライエントの心の仕組みと働きを解釈し、適切

な助言を行うことによってクライエントの問題を解決してあげるという、いわば治療者が中心のセラピーであった。

そうした時代にロジャーズは、いろいろな問題行動を示す子どもとその親の面接を重ねる中で、クライエント自身の中に、気づきと成長の力があると考えるに至った。

そして1942年に『カウンセリングと心理療法——実践のための新しい概念』を、さらに1951年には『クライエント中心療法』を出版して、一躍、世界の心理学会から注目を集めることとなった。

◎ロジャーズの人間観 —— ②
基本仮定

すべての存在は、単純な形態から複雑な形態へと進化する形成化の傾向を内蔵している。塵が集まって宇宙を構成するように、水蒸気が雪の結晶になるように、単細胞生物が複雑な生活体へと進化するように。

そのように、すべての人の中には、潜在的な力の実現へと向かう傾向、すなわち「実現化傾向」が備わっていると、ロジャーズは仮定する。「実現化傾向」は問題を解決し、自分についての見方（自己概念）を変え、しだいに自己指示的になる力である。

心理的成長の源泉は、個人の中にある。他人が外側から見つけることはできない。人は、自分の経験を現実として知覚し、ほかの誰よりもよく自分を知っている。他人から指示され、統制され、操作されることを望まず、自己実現へと向かう。人は一つの全体として、さまざまな要求をもち、いろいろに行動するが、それらはただ一つ、実現傾向へと結びつく。

このようにロジャーズは、すべての存在がその潜在的な力を実現する力をもっていると考えた。人は、"その人らしくなろうとする"力を、自分の中にもっている。そう、信じるのである。

◎ロジャーズの人間観 ── ③
自己概念（自己構造）
　個人の意識の中で、（かならずしも正確ではないが）「これが自分である」とする諸側面、好ましい面もそうでない面もある、自己にかかわる経験が、自己概念である。

　自己概念は、真の自己ではない。たとえば、歯痛になって関心を向けない限り、歯が自己の一部だと気づかない。また、不正直の経験は、自分は見どころのある存在だとする自己概念に矛盾するため、自分のものとはしない。つまり、自己概念から除外され、気づきから除外されるだろう。自己概念と不一致な経験は、否認され、歪められる。つまり、自己という"経験の構造（自己構造）"の中に取り込まれない経験となる。

　ある母親は、幼い息子をかわいがっていたが、職場の先輩から何かにつけて優しくされるようになってから、息子に嫌われていると感じるようになった。子どもが布団を濡らしたとき、ふと子どもを煩わしく感じる瞬間があった。だが、よき母であるという自己概念を維持し、子に対して浮かび上がる感情は受け入れられず、やがて酒におぼれていった。自己概念は、いったん形成されると変化しにくくなる。つまり、経験による気づきを困難にして、不適応を招く。

　では、カウンセラーは、こうした問題にどうかかわることができるのだろうか。

◎ロジャーズの人間観 —— ④

理想自己と現実自己

「このようにありたい」という自分を「理想自己」という。それに対して、現実の自分として知覚されるのが「現実自己」である。では、理想自己と現実自己とは、一致するのだろうか。

実際には、ある程度のずれがあるものの、二つの「自己」の大きな不一致は、その人の不適応に関係しているといわれる。心理的に健康な個人は、こうありたい姿と、実際に思っている姿との不一致が少ない。つまり、理想と現実との乖離を経験することが少ない。

ある父親は「今の自分は、本来あるべき自分ではない」と言う。では、どういう姿が本来あるべき姿かと問うと、ファッション界の一角に名を連ねている自分が、本来の自分であるという。

では、今のあなたはどうかと問うと、「親から資金を打ち切られ、ロンドンでの苦労が無駄になって、今は会社勤めをしており、たまたま知り合った女性と結婚し、子どもも生まれて、こうして余生を過ごしている」と言う。

まだ30歳代のこの父親が、現実を受け入れて、生き生きと日々のかかわりを楽しめるようになるには、つまり、現実を受け入れるには、どういうカウンセリングが必要なのだろうか。

◎ロジャーズの人間観 —— ⑤

気づき（意識性）と心理的健康

自己概念と理想自己は、人が「これが、自分だ」と気づく経験の所産である。"気づき"なしには、自己概念も理想自己もない。

気づきは、われわれの経験のうちの象徴的表象（言葉によって、

あるいは、言葉にならない感覚的印象によって表われるもの）として、定義される。

気づき（象徴化）には、3水準がある。

(1) 気づき以前の水準での経験

経験しているが気づかないことが、たくさんある。繁華街を歩くと種々雑多な刺激があるが、その中の多くは無視され、意識にのぼることがない。関心のあるごく一部の刺激のみが、気づきの枠に入る。

たとえば、いろいろな事情でまだ子どもをつくらないと決めている夫婦の場合には、すぐ近所に園があっても、目には入らない。

(2) 正確な象徴化（自己構造への自由な参入）

現在の自己概念に一致する経験、自己構造が脅かされる心配のない経験であれば、正確な象徴化が可能になり、自由に自己構造に参入できる。

たとえば、健康診断を受けて子どもを産めると分かったとき初めて、夫婦は家の近くの幼い子どもの声に気づき、園を発見する。

また、娘のピアノの上達ぶりを自慢に思っている父親には、発表会場の後方から「じょうずね」という小声が耳に入るが、まだまだ娘のピアノに不満な母親には、小声は単なる雑音にしか聞こえない。

あるいは、ロジャーズのカウンセリングの基本的考え方について講演する若い男は、ロジャーズの考え方に賛同して、笑顔を向ける若い婦人と目をあわせると、「この会場は熱心な受講生ばかりがいる」と、思う。しかし実は、ユング（Jung, Carl G. 1875～1961）の個人心理学を信奉し、ロジャーズの考え方に懐疑的な中年の男が会場にいたとしても、その存在にすら気づかない。

人は、自分の関心に合わせて、世界を知覚するのである。

(3) 歪(ゆが)んだ形で経験が知覚される場合

　経験が、その人の枠組みと一致しない場合、その人の現在の自己概念と同化できるように、その経験を解釈し、再構成する。

　先ほどの、娘のピアノ演奏がまだじょうずでないと感じているような母親は、会場の拍手について、判断力の無い低レベルの聴衆のせいだと思う。そして、近所の夫人から「上達しましたね」と褒められると、お礼を言いながらも、皮肉を言われたように受け取る。

　人はそれぞれ、自分の枠組みに合うように世界を修正し、ときに歪(ゆが)めて知覚し、"その世界"に対して反応しているのである。

◎ロジャーズの人間観 —— ⑥
二つの重要な要求

　人には、自分の中の潜在的可能性を実現しようとする本来的傾向がある。そして、その実現傾向を維持・促進するとみられる経験は価値あるものとされ、そうでない経験は価値のないものとされる。

　二つの重要な要求がある。第一の要求は、ロジャーズが"positive regard"と呼んだもので、「重要な他者から愛され、尊重されたい要求」である。大切な人から愛され、受容されている状態を維持しようとする要求、そして今よりも、もっともっと愛され、受容されたいと願う、促進の傾向である。

　第二の要求は、ロジャーズが"self-regard"と呼んだもので、「自分で自分に対して、愛と受容のまなざしを向けようとする要求」である。これにも、維持と促進の傾向があるという。

　いうなれば「自分を好きでいたい」「さらに今以上にもっと自分を好きになりたい」要求である。

この第二の要求は、第一の要求が十分に充たされた上に生まれる要求であり、第6章で紹介したマズロー（121ページ）の「愛と所属の要求」が充たされた上に「自尊要求」が生まれるという見解に重なる。

しかしロジャーズは、いったん自尊要求が生まれると、他者からの愛と受容のない状況であっても、自分を支えることができると考える。ある意味で人は、その人自身にとって"有意義な社会的他者"になる、ということができる。

◎ロジャーズの人間観 ── ⑦
価値の条件と外的評価の問題点
子どもは、"価値の条件"の中で暮らしている。けんかして負けて帰れば叱られ、相手をけがさせればまた、叱られる。

無条件の受容ではなく、他者の期待と是認に合うときだけ愛され、受容されると感じる。つまり、重要な他者である保護者の愛情と受容が条件つきであるとき、すなわち、ある点では褒められ、他の点では褒められないとき、価値の条件が明らかになる。

価値の条件は、ある経験が自己構造によって受け入れられ、あるいは拒否される際の基準となる。

子どもは、親が子に向けて示す態度を知覚し、しだいに自己構造の中に同化し、取り入れて、それに基づいて評価するようになる。

このようにして、社会的に学んだ価値の条件が、本来の維持と促進の要求（「もっと、感じるままに振る舞いたい」など）と食い違うとき、子どもは全体的統合を脅かされ、本当の自分ではない、落ち着かない、不安な感じになる。

たとえば、次の、点線の囲みの記述には、あるがままの心と、親から教え込まれた価値の条件との不協和を、みることができる。

> 「初め、私はひとりの人間であった。戸外で焼き芋の焼ける匂いがすると、急いで駆けよって、焚き火を囲む、そんな私であった。しかし、いつの頃か、『あら、こんなところで焚き火をしてはいけないのよ』と、生意気な口をきく、もうひとりの私になった。
> "おいしそう"と待つ私と、"いけないんだ"と、親の借り物の言葉を言う私は、いつも心の中で争っていた」

この例は、"自由に、感じるまま、欲するままに振る舞う私"と、"親から取り入れた価値基準に合わせる、よい子の私"との葛藤の例である。

◎ロジャーズの人間観 —— ⑧
不適応

ここに至って、心理的不適応について触れる段階になった。
ロジャーズの自己理論は、
①生活体の経験と自己とが、二つの独立の実体のように構想され、それらの間の一致、不一致が、適応との関係で吟味される。
②実現へと向かう生活体の傾向と、自己の実現への傾向が互いに影響し合う。
以上の2点を、基本仮定としている。
そして以下のような、四つの面から不適応の姿が説明されている。

(1) 不一致 (incongruence)

不一致とは「一つにならない、矛盾がある」という意味である。経験と自己との不一致が、心理的不適応の源とされる。

つまり、自己概念と経験の間の乖離(かいり)が大きければ大きいほど、生活体として感じるままの経験が自己経験として認知されず、一つの全体として機能することができずに傷つきやすく、不安定になる。

一方には、価値の条件と外的評価によって、外的価値に合せる自己概念がつくられる。いわば"ぶりっこ"の自己である。しかし、それが本物でないことは、心の奥底で感じている。

(2) 不安と脅威 (incongruence)

経験と自己概念との不一致にかすかに気づくとき、不安の感情が生まれる。また、自己概念と不一致なものと感じられる経験は、脅威として経験される。

(3) 防衛性

この不一致を防ぐための装置が、防衛である。すなわち、自己概念と一致しない経験を認めず、不安と脅威から自己を守ろうとする。このとき、二つの方法がある。

一つは、「歪曲(わいきょく)」といわれるもので、経験を、自己概念に合うように解釈する。たとえば、よい演奏をしたつもりなのに拍手が少ない場合、"この会場には音楽の分からない聴衆が多い"と感じる。これによって経験は意識にのぼる（拍手が少ないことには気づく）が、その、真の意味は理解されない。

もう一つは、「否定」あるいは「否認」であり、経験は知覚されない。たとえば、"よい演奏なのだから拍手の音は、決して小さくない"と、思うことである。

(4) 統一のくずれ

自己と、経験の間の不一致があまりに大きい場合、自己構造が崩壊の危機に陥る。自己は、もはや一つの全体性を失い、脈絡のない、

一貫しない、混乱した行動になり、全般的に予測不可能に陥る。

このような人格崩壊ともいえるような人の姿をみることは、保育の場ではめったにないと考えてよいだろう。

2
ロジャーズのカウンセリング理論

◎ロジャーズのカウンセリング理論 —— ①
自己概念と経験の不一致

子どもは、親に抱かれ、授乳され、指をしゃぶり、甘え、おむつが濡れて泣き、転んで泣くなどの経験を通して、しだいに自分という存在に気づくようになる。

自己概念と経験が、完全に
ずれている場合
………→重なりがない

たとえば、「わたし、よい子」(自己概念)……「焼き芋の匂いがする!」(経験)

自己概念と経験が、いくぶん
重なっている場合

「焼き芋は、見ているだけ……」

自己概念と経験の重なりが、
大きい場合

「帰ってからたべよう!」

周囲の者に支えられて、何もかも自分の好都合(こうつごう)になるという漠然とした全能的自己概念とともに、「よい子」「お利口さん」として認められる経験から、"私は、よい子"の自己概念が創造される。

　そして、日々の暮らしの中で自己概念に一致する経験もあるが、不一致な経験をする場合もある。

　いま、「自己概念」をかりに太い実線の輪で表わし、「経験」を二重線の輪で表現すると、左のページの図のようになる。

◎ロジャーズのカウンセリング理論 ── ②
望ましいパーソナリティ変容のための必要十分条件

　ロジャーズは、1957年の論文の中で「建設的なパーソナリティ変容が起こるためには、次のような条件が存在し、それがある期間継続することが必要である」として、6条件を挙げている。

　その「条件」が言おうとすることを分かりやすく解説すると、次のようになる。

(1) 二人の人が、心理的接触 (contact) をもっている

　二人の間に、心理的接触があること。必ずしも物理的接触（対面）でなくても、気持ちが通じ合っていればよいということになる。メールや手紙による交信を繰り返すことも、不可能ではない。逆に言えば、対面していても気持ちが離れているなら、カウンセリングにならないということでもある。

(2) 一方の人（クライエント）は不一致の状態にあり、
　　不安の状態にある（あるいは傷つきやすい）

　自分はよき母親であるという固い自己概念をもっている保護者は、子どもへのかかわり方について保育者から指摘されると、素直に受

け入れることができず、傷つくことがある。

その反対に、自分は忘れ物に気づかないことがあるけれど、子どもをかわいいと思えるし、まあ、ほどほどに周囲とも仲よくしているというような、柔軟な自己概念をもっていると、何か言われても気に病むこともなく、不安になることもない。

多くのクライエントは、生真面目(きまじめ)であり、少しの失敗でも苦にする傾向がある。自分を厳しくみている。誰からも褒められなければならないと思っている。つまり、自己概念が固い。その人は立派な仕事をするかもしれないが、不安を抱えて生きている可能性がある。

保育者の中にも、保育従事者としての自分のあり方を四角四面に考えて、常に反省し、努力を重ねる人がいる。そのような人は、カウンセリングを勉強するに当たって、まず自分自身に寛大になって、失敗しても自己概念の中に吸収できる幅をもち、広い柔軟な自己概念をもつように心がけてほしい。

保育者はまた、何かにつけて不安になり、些細(ささい)なことで傷つきやすい保護者に対しては、温かい目で大らかにかかわることを心がけたい。そして「そういうこともあるよ」と、大らかに保護者にかかわってほしい。

(3) もう一方の人（カウンセラー）は、その関係の中で
「一致」しており、統合されている

クライエントとの関係において、特に重要なことが、この条件である。「一致」とは、生活体験（感じ、考え）が、それらについての気づき（意識）と釣り合っていて、感情をオープンに表現することができることである。

たとえば、クライエントの話すことに不快感をもったら、そのこ

とに気づくこと、そのことを表現すること、表現することにためらいを感じたら、それを意識できること、そして何らかの形で、そのことを表現することである。たとえば、

「今、私の中には、あなたの話に苦しくなっている気持ちがあります。そして、ためらいを感じています」

と言うことができるなら、一致の状態であると言えるかもしれない。少なくとも、そういう方向にあると言えるだろう。

一致しているということは、自己が経験と全体として統合されていることであり、本物である、あるがままということである。

◆「一致」は感情、気づき、表現、三つのバランス

ロジャーズ［1959、1980］は、

「一致し、統合しているカウンセラーは、受け身で聴く人ではない、よそよそしい聴き手ではない、決して、非指示的聴き手ではない」

と言う。

また、決して「自分の意見を持たない臆病者(a warm milquetoast)」ではない、常に経験に心を開いた人である、と言う。

経験と自己が全体的に一致し、統合されている人は、常に新しい経験をし続け、それを気づいているから、静的でなく動的である。一つの状態にとどまってはいない。それゆえ、結果的に成長と変化を経験することができる。

「一致」には、感情、気づき、表現の三つの成分があるが、「不一致」は、二つのポイントから起こる。

ポイントの一つは、感情と気づきの分離。まわりからは怒りを感じていると思えるが、本人はそう認識していないことがある。「僕は怒ってない。どうしてそう思うのか」と言うような場合である。

もう一つは、気づきと、表現（気づきを他人に表わすこと）との分離。「クライエントの、いつもの煮え切らない態度にはうんざりしているが、それを言えば、相手が失望すると思うから言えない」というような場合である。しかし、それを言わないのは不正直になるし、クライエントが不一致に気づく機会を奪うことになる。

　考えてみれば、われわれは何かにつけて、不一致の状態に陥る。幼い子どもが保護者から離れようとしない。保護者も心配そうで、その場を離れがたいようすである。そのとき、保育者として、どう考え、どう対処するだろうか。

◆保護者への一言でも表れる「一致」と「不一致」

　ある保育者Ｓは、その母と子の光景に困惑しているが、自分の戸惑う気持ちを押し殺して、子どもを抱きかかえて、親から引き離す。親は「お世話を掛けてすみません」と言うが、保育者は「いいえ、仕事ですから」と、その場を打ち切る。母子分離を援助することが保育者の仕事であるという固い信念によって、そうしたようである。しかし、保育者の心に揺れるものがなかっただろうか。

　一方、保育者Ｔは、その母と子になんらかの理解を表しながら、母子のところに行き、３人で手をつないで輪になり、何か笑顔が浮かぶような合図をして、さっと離れるように導き、それぞれに別の勇気をねぎらう一言を加えるだろう。多少の時間を掛けても、それぞれが自分なりに納得できるような手がかりを探すかもしれない。

　母子分離を援助することが目標であるとしても、実際のかかわり方には多様性がみられる。読者には、もっといろいろとアイデアが浮かぶことと思う。その際、カウンセリングを学ぶことの意義が明らかになるのではないだろうか。

**(4) カウンセラーは、クライエントに対して、
無条件の"positive regard"を経験している**

この"positive regard"という英熟語を、適切な日本語に翻訳することに、多くの学者が苦心してきた。

最初に「無条件の積極的尊重」と訳され、次に「尊重」が「配慮」に置き換えられた(「無条件の積極的配慮」)。さらに「積極的関心」などという語が、充てられた。これにまた「無条件」にという条件がつく。どれも苦心の訳であり、それほど難解な言葉であった。

いろいろ原著に当たって調べてみると、クライエントがどのようであれ、カウンセラーが温かい受容的な態度を経験しているとき、無条件の"positive regard"をもっているといえること、その態度は、所有的でなく、評価的でなく、いかなる留保条件もなしに温かく迎えるということである。

つまりそれは"私は、あなたがあなた自身であり、何があなたにベストかを自分で決めることを許せる"という態度である。

そして、"I care for you"(あなたを大切に思う)、"non-possessive love"(非所有の愛)という言葉を、ようやくみつけた。この言葉の背景にはキリスト教の「愛」があると考え、経験な宗教家でもあるロジャーズの表情が浮かんだ。

第3章の初めのほう(57ページ)で、子どもへの対応の基本的態度として、"無条件の愛情"を挙げたのは、まさにこの「非所有の愛」を指したもので、親の子どもへの愛情に通じる、保育者の基本的態度と考えたからである。

保護者とのかかわりでは、子育ての苦労と心配を温かいまなざしで受け止めること、そのような理解の態度が大切であるといえよう。

(5) カウンセラーはクライエントの内的準拠枠に共感的理解を経験しており、この経験をクライエントに伝えようとしている

「内的準拠枠」とは、その人の、物の見方や考え方の枠組みということである。クライエントのものの見方と感じ方の傾向に、共感的理解を示すことを意味している。

また、「共感的理解」とは、感情移入とも言われる。クライエントのいろいろな感情や願いを偏見なしに聴く、あるいは、カウンセラーの気持ちを投影したり評価したりすることなく、正確に感じ取ること。そして、そのことがクライエントに伝わるように表現することである。

ロジャーズにとって、カウンセラーの共感とは、クライエントの生活経験の中に一時的に住み、判断なしに、クライエントの経験をともに生きることを意味する。それは決して、解釈したり、評価したりすることではない。もしもそうであれば、クライエントは脅威を感じて身構えてしまうだろう。

カウンセラーが感じた共感的理解を言葉にすると、クライエントは、「そうです。まさに私はそう感じています！」と言うだろう。

また、少しだけずれた理解を返すと、クライエントは「というか、むしろ、こういうことです……」と再度、自己の経験を表現してくれるであろう。

そのような二者のやり取りを通して、クライエントは、自己理解を深め、広げていくことができる。カウンセリングのコミュニケーションとは、そのようなものである。

ここであらためて、「共感」が、「同感」や「同情」とどう異なるか付言すると、つぎのようになる。

「同情」はクライエントのための感情（a feeling for the client）であり、「共感」はクライエントとともにある感情（a feeling with the client）である。

また「同感」は、"あの子の表情がさえないね"とか"ああそうね"というような、ある共通な対象に対する見解の一致を表わす言葉である。

(6) カウンセラーの共感的理解と無条件の温かい受容的態度が、ある程度クライエントに伝わっている

カウンセリングによって、クライエントの自己と経験のあり方が変化するためには、①経験に開いている自己一致のカウンセラーが、②無条件の温かい受容的態度でクライエントに傾聴し、③共感的理解を経験し、そのようなかかわりがある期間継続すること。

以上の三つの条件が、必要にして十分な条件であると、ロジャーズは主張する。"人は誰しも受容、共感、あるがまま（自己一致）のかかわりの中で創造的に生きる"という人間観に基づくカウンセリングが、ロジャーズの人間中心カウンセリングである。

保育者にとって、日常接する子どもと、保護者へのかかわりに関する、大きな示唆を含むものと言えよう。

◎ロジャーズのカウンセリング理論 ── ③
カウンセリングのプロセス概観

いろいろな問題、あるいは課題でカウンセラーと出会った人が、比較的共通な変化の過程をたどることが知られている。

すなわち、頑なな拒否の姿勢から、しだいに自己の経験を語るようになり、感情を開放し、自分の気持ちと向い合い、現実と対面し、

やがて、生き生きと個性を生きるようになることが報告されている。

以下、この過程の主な傾向について、一般的な記述を紹介してみよう。

第1段階：拒否の姿勢

自分自身については、話そうとしない。他人に言われてカウンセリングに来たが、特に話すことはないという態度。子どもの場合ははっきり拒否の態度を見せることが多いが、保護者の場合は、肝心の子どものことよりも、世間話や保育者の話題に流れる。固い構えが顕著。

第2段階：客観的な話

固さがいくらか緩み、他人事については話すが、自分の関心としてではなく、ほかの人の見解として、一般論の話題になる。だが、心理的に見れば、当人にそのことへの感心があることが察せられる。しかし、カウンセラー側からは、そのような指摘はしない。

第3段階：自分の周囲の状況や人の話題

いくつかの話題の一つとして、自分にかかわる話になるが、身のまわりの関係者についての説明へと流れる。たとえば、「今、生活生協の共同購買の会員に、おせっかいな人がいて、まわりが困っている」などのように、自分の気持ちは、他者に代弁させる形になる。感情は過去形や未来形で話され、自分の"今、ここ"での気持ちについては、話したがらない。

第4段階：内面の葛藤が垣間見える話

感情の言葉が、多く語られる。しかし、自分自身の感情は過去形で語られ、そこに、今の感情が隠れている。

「あの日、先生がうちの子を叱っているのを見たときは、ほんと

に驚きました」などと言う。

カウンセラーが「今、思い出して、どんな感じですか?」と問うと、「なんか、あのときはカチンときたけど、でも今はもう、気にしていません」などと、立ち直りの良さを強調する。だが、表情には、今も気になっている様子がみえる。

第5段階:気づきの表現が出る

感情が、現在形で表現されるようになる。そして、その感情の素になっている自分の思いについて、話題にしはじめる。
「今もあのときのことを思い出すと、切なくなる。自分のことなら我慢もできますが、あの人(同じ園の保護者の一人)は、うちの娘の悪口を言うんです。私にとっては一番つらいことですよ。どうして、あんな言い方するんでしょう。娘がかわいそうで……」

このように、自分の気持ちの基本に、目を向けはじめる。

第6段階:経験の受容と自己概念の柔軟化へ

「私には自分以上にあの子がかわいい、……気がかりなんです。ハンディがある子だから、……もっと早く生んであげてたらよかったって、……すまない気持ちが、やっぱりあるんですよね」などと、自分の感情的なしこりの背景についても、話題にするようになる。

この後、彼女の中にある不安が話される。娘のわがままに対してどうかかわったらよいのか、もしかしたら、自分の態度が問題かもしれないと、小声で独り言のように言う。

第7段階:気づきから社会的行動調整へ

この段階では、クライエントは、明白な対人行動の変化を見せることが多くなる。これまで拒否し、歪められていた経験が、今やはっきりとクライエント自身で、意識化できるようになる。

その結果、近隣とのかかわりが柔軟になり、他人とのかかわりが自ずと広がる。そして、わが子にも、これまでと違うかかわりを結ぶようになる。このようにして、カウンセリングの場と時を越えた成長が、着実にもたらされる。

　以上の第1～第7段階は、ロジャーズの人間中心カウンセリングが、どういうプロセスを経て、クライエントに"気づき"をもたらすにいたるか、その典型的な姿を例を交えて解説したものである。

◎ロジャーズのカウンセリング理論 ── ④
カウンセリングの成果

　カウンセリングの過程が、紆余曲折を経て着実に進行すれば、ある観察可能な結果を期待することができる。

　クライエントは、もはや防衛的な構えが必要でなくなり、自由に生き生きと行動し、新らしい経験へと積極的に向かうことができるようになる。

　ある保護者は、出産にまつわるこだわりから自己を解放し、これまでよりも厳しく、わが子に注意することができるようになり、他の保護者とも保育者とも開放的な関係を築くようになって、そのことが、子どもの成長にも好ましい効果を及ぼすようになった。

第 8 章

保育カウンセリング

1
カウンセリングの定義と保育カウンセリングの特徴

　この章では、保育の場の保護者のための、保育者によるカウンセリングに焦点化して、カウンセリングの実際について取り上げる。
　カウンセリングとは何かについて、いろいろに語られているが、そのエッセンスは、次のようなものであると言ってよかろう。
「カウンセリングは、何らかの個人的問題で援助を求める人(クライエント)が、専門的訓練を積んだ人(カウンセラー)との主に言語的・非言語的相互作用を通して、自己理解を深め、人生において遭遇する困難を克服して、個性を生きることができるように、側面から支援する援助活動である」[福島『総説カウンセリング心理学』2008 年]

この定義は、カウンセリングの目標と援助機能の本質的特徴を明らかにしているもので、カウンセリングの対象について、特段の限定を必要としていない。

　すなわち、カウンセリングの本質については、どのような対象であれ、変わりないものであると考えられる。

　しかし本書は、保育にかかわるテーマで、保育者を対象とする、具体的、実際的なカウンセリングを取り扱うものである。

　つまり「保育カウンセリング」は、発達途上の、幼い子どもの保育の営みの中で生じる諸問題にかかわるカウンセリングである。

　特に、保育にかかわる保護者と保育者との間の、子ども理解と、かかわりをめぐって取り交わされるコミュニケーションの営みが、「保育カウンセリング」である。

　特徴として、以下のことが挙げられる。

《保育カウンセリングの特徴》

① 幼い子どもの保育に、かかわること。
② 発達にかかわる生活と適応上の問題が、中心となること。
③ 子どもにかかわる保護者と、施設等の保育者との間で行われること。
④ 一方は家庭で、他方は施設で、両者とも、日常の子どもの姿に通じていること。
⑤ カウンセリングの行われる「場」が、通常の保育施設や、その関連施設であること、あるいは、保護者の家庭等に「場」が設定される場合があること。
⑥ カウンセリングの前後にも、通常の保育が行われること。

以上の特徴は、たとえばカウンセリングだけを目的として特別に設定される人間関係や、保育に限定されない多様な幅広い主訴に対応する一般のカウンセリングとは、大きく異なっている。
　それゆえ、「保育カウンセリング」という明確な位置づけが必要となる。

2
保育カウンセリングの構造

　保育カウンセリングの構造として、ここでは、話し手、聴き手、責任と役割、時間と場について説明する。
　構造は、いわば仕組みである。たとえば、テレビジョンの構造は適切な電圧を調整する電源部、電波の情報をキャッチする受信部、そして、情報を送り出す部分から構成される。
　一般的なカウンセリングの構造としては、まず仕事の悩みや家庭の問題など、個人的問題をかかえたクライエント、カウンセリングをもっぱらとするカウンセラー、そして、両者を結ぶ関係性の特徴（責任、場と時間、攻撃と愛情の制限など）が規定される。
　保育カウンセリングでは、保育の場を構成する子ども、保護者、保育者、そして相談の場が、保育カウンセリングの構造となる。そして、保育の役割と期待の構造の中に、カウンセリングの面接構造が組み込まれる。
　保護者と保育者の間のカウンセリングでいえば、具体的には次のような面接構造になる。

◎保護者と保育者との間の面接構造 —— ①

保護者（母親、父親、祖父母、保護施設の人など）

　保育カウンセリングにおける第一のクライエントは、保護者、あるいは保育に参加する人である。幼い子どもを養い育てる保護者が第一の構造（クライエント側）となる。

　保護者の関心の第一は、わが子が集団の中で孤立していないか、保育者や、園の仲間に好かれているか、元気に、のびやかに個性を発揮しているか、などである。そして、ふだんの気がかりや心配や要望を、保育者に伝えようとする。また、保護者としてどんなふうにわが子にかかわったらよいか、保育者の考えを聴こうともする。

　保育者との好ましい関係についても、考えるだろう。

　面談では、「うちの子はどうですか？」とか「家でどうしらよいかしら？」などが、保護者の第一の問いかけになることが多い。

◎保護者と保育者との間の面接構造 —— ②

保育者

　幼い子どもの保育に日々かかわっている保育者が、保育カウンセリングにおける第二の構造（カウンセラー側）となる。保護者の話に耳を傾けるとともに、保育場面での園児の行動や感情について、理解していることを保護者に伝える。

　そのやりとりを通じて、保育者は、目の前の保護者の気持ちを温かく受けとめ、保護者の悩みや喜びに深く共感し、受容することによって、カウンセリングの聴き役の位置を得ることになる。

　保育者と保護者は、保育の役割と営みにおいて共通する部分が大きく、関心が子どもとのかかわりにあり、ある意味で似た者どうし

の面がある。しかし、相手に対する要求と役割の相違もあり、また、一人の幼い子どもを中にはさむような関係になる場合もあって、意外に難しい面を、内にもっている。

保護者は保育者から利益を受ける側になり、いわば顧客として、あれこれ要求をもっている。また、しばしば、保育者がまだ若く、保護者が年上であることが多い。年上の者は年長であるゆえの自負心もあるだろう。

カウンセリングをもっぱらとする職業カウンセラーの場合、クライエントとの日常的かかわりから独立しているので、保育カウンセラーよりも自由な立場でクライエントに深く傾注することができる。

しかし、それなりの困難もある。社会的背景がないことでクライエントと出会う機会が少なく、また、カウンセリングの効果の社会的影響について、本人が話すことのほかに手がかりが限定される。

保育カウンセリングでは、職業カウンセラーとはまったく反対のよさがあり、また、課題がある。

◎保護者と保育者との間の面接構造 ── ③
責任と役割の取り決め
保育へのかかわりにおいて保護者と保育者は、利益提供者と利益受託者の関係でもあり、子どもをめぐる協力者であり、ときにライバルでもある。その多面的関係の中で、どのように適切なカウンセリング関係を築くか、それが大きな課題になる。

それゆえにまた、そうした関係の中で人として、他の人の心に温かく、深く共感することが基本となって、カウンセリング関係をしっかりと支えられることが、期待できる。

役割と責任を、できるだけ具体的に取り決めることも、重要になる。その際、保育カウンセラーには、「子どもの成長を支える第一の役割と責任は、ほかの誰でもない親自身である」という気持ちが、保護者の心の深いところから感情を伴って湧き上がるように促し、また、それを支える役割と責任が、根底にある。

◆ "クライエントが主役、カウンセラーは黒衣役"

カウンセラーが、保護者を押しのけて、親代わりになるということではない。そのような役割と責任を互いにしっかり認め合うことなく、曖昧なままに困難な局面を迎えると、責任を相手に押しつけて、自分は隠れていたいという事態にも陥りかねない。

困難な局面が訪れたとき、保育カウンセラーは保護者に向かい、「そういう中で、あなたは、あなたなりのやり方で人生を切り拓いてきたのですよね。……どういう工夫を、したのですか？」とか、「そうして、あなたとしては、子どもさんにどう、かかわっているのですか？ どう、なれたらよいのですか？」などと、問いかける。

そうすることによって、保護者が自分の経験を振り返り、自分自身に目を向けるよう働きかける。

保護者が自分なりの、自分の成長の課題としてカウンセリングに臨むなら、カウンセリングは円滑に進行し、そこから大きな成果が期待できる。

もし、カウンセリングに行きづまったときは、"クライエントが主役、カウンセラーは黒衣役"というカウンセリングの原点に立ち返ることが、肝要である。

◎保護者と保育者との間の面接構造 —— ④
場と時間

　保育カウンセリングの場は、園の中、あるいは、その関連施設に設けられる。できるだけ個人的なことを話しやすく、聴きやすい個室的な場所が選ばれる。

　時間帯はたとえば、「土曜の午後2時から45分間」のように、ふだんの保育時間帯とは別の時間が、望ましい。何回かの継続相談になる場合は、週に1回程度で、同じ曜日の時間帯であると、安定した面接がしやすい。面接の経験は、ふだんの生活に戻って振り返ることによって、次回の面接につながる。

　集団の保育の場には、いろいろな人が出入りしても差し支えないことが多いが、カウンセリングの場には、関係者以外の人の出入りは禁止である。個人的問題を話す自己開示が妨害されることのないためである。逆に言うと、いつでもどこでも、ところかまわずの面接のよさもあるが、日常の場で、相談への糸口を開く場合や臨時の緊急の場合を別にすれば、避けることが望ましい。

◆ふだんの保育に特別待遇の印象を与えない

　日常の保育活動とカウンセリングの活動の関係は、親しさを生む面と、甘えを生む面、二つの面がある。

　ふだんの保育の営みとカウンセリングとは相互に好ましい影響があることが理想である。だが、「クライエント－カウンセラー」関係が構築されたことで、カウンセラーにも、クライエント側にも、特別な親しさが生まれる。

　それが、ふだんの保育に特別扱いになるようなことにならないよう、互いに心がけたい。

特別待遇の印象があると、当事者には甘えが、また、まわりの保護者や子どもたちからは、やっかみが出る。そのようなことにならないよう注意する必要がある。

　なお、ふだんの全体保育の場で「ちょっと聞いてください」など、急な面談の申し出があった場合、温かく受け止めつつ、後刻の面談機会を予約するようにしたい。また、個別の面接の後、ふだんの保育の場にもどったら、どの子にも等しく、温かい関わりをするよう、特段の気配りが必要になる。

◎保護者と保育者との間の面接構造 ── ⑤
他の相談機関への紹介と連携関係づくり
　もし、園の相談では十分に対応することが難しいと思われる場合、説明と同意を得て、専門機関への相談を勧めるとよい。その専門機関と連携しながら、保育施設で温かい日々のかかわりを続けつつ、保護者への保育カウンセリングも行うことができるとよい。

3
保育カウンセリング過程の概観

　保育カウンセリングが、どのような経過をたどって、出会いから終結へと進むか、おおよその過程を簡単に概観してみよう。
　(1) 原則は二人の話し合い
　カウンセリングは原則として、二人の人の間の話し合いの過程である。ときには、子どもの母と父と、保育担当者二人との話し合いになることもある。

(2) クライエントの問題意識は話しているうちにはっきりしていく

話し合いの一方の人・保護者が、クライエント、子どもの様子と自分の気持ちについて話す人である。どんな問題意識をもっているか、ときには漠然としていても、クライエントは話して聴いてもらっているうちに、やがてはっきりしてくる（たとえば、「このごろ元気のない子ども」「園に行きたがらない」「そのことで、いらいらしている自分」「つい厳しく叱って、後悔している自分」など）。

(3) カウンセラーは「伝え返し」を心がける

もう一方の人、カウンセラーは、クライエントを温かく迎え、その語る経験にじっくり耳を傾け、話し手の気持ちに寄り添いながら、いっしょに考えようとする。そして、その人の気持ち（考えや感情）をどのように聴いたか、どう受け止めているかをクライエントに伝えようと、「伝え返し」を心がける。

(4) クライエントはもっと詳しく話す、カウンセラーは理解を深める

クライエントは、自分の問題意識について話しながら、カウンセラーがどう聴いてくれたか、どう理解してくれたか、その受け止めに耳を傾け、「その通り」とか「ちょっとちがう、むしろこういう気持ちだ」などと説明しなおしたり、もっと詳しく話したりする。それを受けてカウンセラーは、「なるほど……むしろ、こういう気持ちなのかな……」などと、もう一歩、クライエントの気持ちに近づき、さらに理解を深めるべく、心と心の交流が行われる。

(5) クライエントの言葉にしていない気持ちを、静かに共感的に聴く

カウンセラーは、わがことのように共感的に傾聴を重ねるうちに、クライエントがまだ、言葉にしていない気持ちについても、感じることがある。人は、自分の気持ちを自分が一番よく知っているかと

いうと、必ずしもそうではない。自分の姿が自分には見えないように、自分であるがゆえに気づかないことがある。気づきかけていても、なお、言葉にならない気持ちがある。経験と自己概念とが不一致な面がある。しかし、共感的な傾聴を続けるカウンセラーには、漠然とクライエントの気持ちが伝わってくることがある。

もしも、クライエントに対する温かい受容の気持ちがカウンセラーにあって、クライエントにそれが伝わっているという関係になっていれば、カウンセラーはクライエントの経験を、あたかも自分のことのように受けとめ、それを言葉にすることができる。

そしてクライエントは、それが自分の気持ちであると感知し、自分のあるがままの姿として受け止めることができる。こうしてクライエントに"気づき"が広がり深まっていく段階が、静かに動き出す。

(7) クライエントの心（子ども時代の話など）を映して返す

二人の間で自然に話題が広がる。子どもの好きな遊びや近所の友だちとのこと、また、話し手であるクライエント自身の子ども時代のこと、得意なこと、苦手なこと、親との関係など。そして、「子どもと自分が、実は似ている」など、自然に話題が広がっていく。クライエントの素朴で素直な心を映して返すカウンセラーの言葉が、深くクライエントの心へと入って、静かな波紋を広げていく。

(8) 戸惑うクライエントの感情に連動し、気持ちを隠さない

そして突然のように、クライエントの認知の世界が広がる可能性が開く。今ここで、気づくことがある。目に涙が浮かび、声がつまるのを経験するかもしれない。そのような瞬間が訪れることは、当人にも意外であり、戸惑いを感じ、無理に外を見たり、鼻をかんだりして、感情を押し殺そうとする。

このとき、共感的傾聴を続けてきたカウンセラーにも、クライエントの気持ちと連動する感情が浮上する。カウンセラーは自分の気持ちを隠さず表現する。そのようなカウンセラーのあるがままの気持ち（自己一致）を大切にする態度は、クライエントに伝わっていく。

(9) 二人の共感が深まり、"気づき"がさらに深く広がっていく

　カウンセラーが言う。「今ここに、とても大切な気持ちが浮かんでいるように思います」「今ここで、その気持ちを話してくれませんか？」と。クライエントは時間をかけて、自分の心に目を向けて「今、私は……」と自分の気持ちを語り、カウンセラーとの共感が深く漂うようになる。"気づき"がさらに深く、静かに広がっていく。

(10) クライエントはマイナス面だけでなく、プラス面にも目が向く

　話題の性質にも変化がみられる。クライエントが問題視している子どもの特徴について、マイナス面だけでなく、プラスの面にも目が向けられるようになる。周囲の関係者についても今までより見方が広がって受容的になり、他人のよさを見つけられるようになる。

(11) 自分の気持ちを表現できたクライエントは、自己理解が進む

　クライエントは自分自身の気持ちを深く感じ、表現する。「この子は優しい子です。まだ小さいのに、この子なりに私の気持ちを感じ、辛い思いをしている。それなのに私は……」などと話し、その思いを確かめるように、深くうなずく。そして、クライエント自身にも、こうした受容による柔軟な心が、広がり始める。深い感動を伴って自己理解が進む。

(12) カウンセラーが受け止めることで、クライエントは自分を許す

　クライエントは、しばしば後悔を語る。「あのとき、ああしていたらよかったのに……」と、今あらためて悔やむ。

そして、その懺悔(ざんげ)の思いが、カウンセラーによって温かく受けとめられ、クライエントは自分を許し、自分の一部として受容する。

(13) クライエントの悲観的傾向が弱まり、肯定的な面が強まる

クライエントの感情は、悲観的傾向が弱まる。明るく安定した方向へと変化し始め、考え方は柔軟になり、肯定的、積極的な面が強まっていく。そして自分についても、子どもについても、また、夫や他の関係者についても、今までより深く理解し、それをそれとして受容するようになる。

(14) クライエントの"気づき"の力への尊敬の気持ち

カウンセラーは、クライエントの"気づき"の力を、感動をもって受けとめ、クライエントへの尊敬の気持ちを伝える。

(15) これまでの道筋を振り帰り、先の問題への対処の感覚をもつ

面接を重ね、終結が近くなる頃、二人で、これまでの歩んできた道筋を振り返る機会が訪れる。そして、クライエントの自己理解を深めることになる。

クライエントは、今の問題だけでなく、これから先の問題にも、より効果的に、より積極的に対処できるという可能性の感覚をもって、カウンセリングを終えることができる。

◆すべてのカウンセリングが、深い自己理解をもたらせるか

以上は、クライエントとカウンセラーの、出会いから終結にいたるカウンセリングの過程の一端を、概括的に提示したものである。面接回数にして数回のこともあり、数十回を要することもある。

すべてのカウンセリングが、このような経過をたどって、深い自己理解をもたらして終結する、とは限らない。

長い時間をかけて、ときには険悪な時期を迎えることもあり、いろいろな山あり谷ありの経過を経て、ようやく目的地に到着することができる。

　しかし、いろいろな事情から、肝心な自己理解の進展が曖昧なままに、途中で打ち切りになる場合も少なくない。

4
保育カウンセリングの目ざすもの

1）昔の相談はどのようであったか

　かつて、保育と教育の分野で行われていた相談は、前節で紹介したようなカウンセリングではなかった。

　今から50年前の相談の一コマを、見ておこう。

　　　　○相談者：小学校生の母親、32歳（〔ク〕と表記）
　　　　○助言者：教育相談主任、60歳男（〔カ〕と表記）

〔ク〕実は、息子が勉強嫌いで困っています。どうしたらよいのでしょうか。

〔カ〕えーと、たしか3年生でしたね。2組ですか、丸野四角君ですね。ここに資料がありますが……なるほど、学校の成績は、中の中程度ですね。

〔ク〕少しも勉強しないんです。だから成績が伸びなくて。

〔カ〕はいはい、今、見てみましょう。知能検査の結果があります。これは集団式ですから、大体の傾向しか分かりませんが、まあ中程度の知能のようですよ。だったら、それなりにがんばっているのではないかと……、勉強はしているのですね。

〔ク〕一応は、しているといえばしているようなのですが、なんか、すぐ眠くなってしまって……。

〔カ〕そうですか。まあ、もう少しようすをみたらどうでしょう。まだ3年生ですし、知的能力の発達しだいで、これから伸びる可能性もありますし……。

〔ク〕そうですか。まだまだ能力が伸びる可能性があると聞いて、ちょっと安心しました。

◆相談者の気持ちについて、まったく目を向けていない助言者

以上、昔の相談の一例としてここに紹介したが、こういった古いタイプの相談が行われていたのは、20世紀後半のある時期までのことであって、最近はほとんどないと言える。

ただし、この事例の保護者と助言者のやりとりで、気になることがある。その一つは、この助言者が、学業成績と集団知能検査の結果をつき合わせて、能力相応の成績を上げていると判断していること。つまり、どういう勉強の仕方なのか、もしその小学生が意欲的でないなら動機づけはどうか、などの検討がなされていない。

また、助言者は、子どもの知的能力の詳しい傾向を読み取って、どの面が課題かなど、よく検討していない。もっとも気になるのは、相談者の気持ちについて、まったく目を向けていないことである。

この母親は、子どもが勉強嫌いで困るという。母親が困っている。助言者が知能との関係を言うと、「少しも勉強しない」とも、「一応はしている」とも言う。こうした母親の気持ちについて、カウンセラーが目を向けていない。今のカウンセラーであれば、この点についてきちんと取り上げて、クライエントに返すことと思う。

この事例では事柄中心、データの説明と解釈、権威による判断と説得に頼っていた。このような従来のカウンセリングでは、クライエントの心の変化を期待することはできない。人と人として、心をみて、心に反応しているのではないのだから。

2）今これからのカウンセリングとして期待される姿
　次に、クライエントが話す内容だけでなく、クライエントの気持ちにも注目する、比較的新しい考え方によるカウンセリングの一コマを例示する。

　この事例（一部抜粋）では、対話中に母親が子どもを迎えることになった。こうした場面で、たいがいの子どもは「おかぁさーん！」と母親に駆け寄るのに、この子の場合、母親よりも父親の方に駆け寄って、手をつなぐようすが話題となった。

＜ある日の対話シーンから＞
　　クライエント：園に通う3歳児の母親N、22歳〔ク〕
　　カウンセラー：園主任、33歳の女性〔カ〕
〔ク〕いつも、ああなんです。どういうわけか父親の方に行くんです。
〔カ〕それで、Nさんとしてはどうなんですか、もしかして先週も、そうでしたか？
〔ク〕そりゃ助かりますけど、でも私の方に来ないで、たまにいっしょに迎えに来た父親の方に行く。女の私よりも男親のほうが好きなんでしょうか、そういうことってあるんでしょうか？
〔カ〕女の子だから、3歳でも男性に近づくってことですか？　どうなんでしょう。そういう面も、あるかもしれませんが……。

それで、あなたは、ご自分の方に来ないであっちへ行って、どんな気持ちがするんでしょうか？

〔ク〕え、私の気持ちですか？

〔カ〕はい、そうですよ。

〔ク〕そりゃあ助かりますよ、「ラッキー！」って思っちゃいますよ。でもなんかねえ、ちょっと変な感じ、妬けるかなぁ……。

〔カ〕なるほど、そうですか。助かるけど、でも、ちょっと妬ける、と……。

〔ク〕それに、ほかのお母さんたちも見てる前だから……。

〔カ〕そうか、見られてる。

〔ク〕なんか私が、あの子に冷たいみたいに……。

〔カ〕まわりから、冷たい母親だなんて思われたかと、ねえ。

〔ク〕そうですよ、いやじゃないですか。

◆クライエントの経験に、温かく寄り添う

　以上は、子育てに自信がなく、不安な気持ちを抱えている若い母親と、その相談に乗っている保育者との面接の一コマである。

　園の主任は、この母親Ｎから信頼され、頼られている。信頼と親しい関係は保育カウンセリングにとって重要な基盤となるが、頼られて助言と指示を続けるのは、よいことではない。

　幸いにして、この主任は、カウンセラーとしても、立派に役割を果たしそうだ。このページの最初、下線部「～それで、あなたは……？」という基本応答によって、経験の主体であるクライエント自身の気持ちに、目が向くように働きかけている。

　カウンセリングの基本は、クライエント自身が、主体的に自分の

こととして、自分自身の気持ちに向き合うことである。

さらに、これまでとは違った視点から、自分と周囲の関係者を理解し、どうしたらよいか自分で考えることである。

そして、カウンセラーは、そのようなクライエントの自己理解を手助けする。その一つの形がこの母親Nの例では、下線部のような、「〜それで、あなたは……？」という基本的応答となった。

こうした面接が可能になるためには、カウンセラーはクライエントの経験に温かく寄り添う態度が必要であり、より深く感情に分け入る勇気が必要になる。

3) 自己理解へと導く道

若くして子を産み、子育てに追われている保護者が、失敗と迷いを繰り返し、いろいろと悩むことが多いのは、むしろ、当然かもしれない。

以前であれば、同居の祖父母がみてくれたろうに、核家族化の進んだ今では、それは期待できない。保育者の役割は、とても大切で、大きくなっているのである。保育カウンセリングがますます必要性を増していくだろう。

母親Nと、保育者の例を、続けてみていこう。

＜同じ母親のある日の面接シーンから＞

〔ク〕まわりのお母さんの目が、冷たいんです。

〔カ〕あなたは、他の保護者の目が冷たい感じがしているのね？

〔ク〕はい。自分、若いし、子育てヘタだし、みんなに挨拶するの苦手だし……。

第8章 ● 保育カウンセリング　163

〔カ〕そうなのね。まわりの保護者の目が冷たいと、感じる。あの人たちのようにはいかないって、感じている……。自信がもてないでいるのかなあ、がんばっていると思うけど。

〔ク〕（ハンカチーフを強く握って）そうでしょうか。そう言ってくれると、なんか、泣けちゃう……。これでも、がんばってるんです（肩が揺れる）。

〔カ〕そうね、分かるわよ。あなたの気持ち、私に伝わっている。

◆不幸に同情することは、カウンセラーの対応ではない

以上のシーンでは、クライエントが辛い気持ちを訴えている。

まわりの目が冷たいと訴えるのを聴いて、カウンセラーがその気持ちを温かく受容して「まわりが冷たい感じがしているのね」と、クライエントの感情を受けとめている。

ここで、もしもカウンセラーが「冷たい人たちに囲まれていて、かわいそうね」と応じたらどうなるだろうか。

そのような応じ方、いわば"クライエントの味方"になって、同情するような対応、それは決して、カウンセラーの応じ方ではない。

それは、友だちの不幸に同情し、不平不満に同調し、煽り立てるようなものである。その結果、おそらくクライエントは"可哀想な自分"になり、"周囲はみんな意地悪"となり、"だから、あなたが助けてね"という気持ちを、強めてしまうかもしれない。

もしも、そのように距離感を失ったなら、そのカウンセラーは、このクライエントと周囲を引き離す役割を、知らず知らずに担ってしまうおそれが大きい。

かといって、もし「そんなことない、まわりが悪いのではない、

気にするな」などと言いくるめようとしたら、どうなるだろうか。

クライエントは、「自分を分かってくれない」と失望し、もう二度と、このカウンセラー打ち明けようとはしないだろう。

事実がどうかを"判定する"ことが、カウンセラーの仕事ではない。クライエントの気持ちを温かく理解しつつ、しかし、これはあなた自身のこと、カウンセラーのことではない、という距離感をもって受けとめ、返してこそ、カウンセラーである。

◆ "クライエントの自己理解へのガイド"こそ、カウンセリング

この例のカウンセラーは、162ページの下線部のように、クライエントの心を察して深い理解を表している。しかし、クライエントに巻き込まれていない。

カウンセラーはクライエントが自分に目を向けるように、自分の心のありように目を向けて、主体的に気づくように応答した。

このように自分に、自分の気持ちに目が向くことを「自己定位」という。自己定位は、自分の心を新しい見方で知ること、つまり、自己理解を導く道に通じている。カウンセリングは"クライエントの自己理解へのガイド"であるといえる。

そのような自己理解に基づいて、新しく自分の生活と行動の自己調整へと向かうことが可能になる。そこにいたる道筋は、温かい受容的関係にもとづく柔軟なコミュニケーションの連鎖であり、それが、ウンセリングの技法である。

第 9 章

保育カウンセリングの進め方

　前の章で取り上げた保育カウンセリングの基本的考え方を、どうすれば実行に移すことができるのか。その手段となるのが、方法としての、カウンセリングの進め方である。

　クライエントと、どういう関係をもってどう聴くのか、理解をどう伝え返すのか、もっと知りたいときはどう尋ねたらよいのか、また、クライエントから質問を受けたり、判断を求められたりしたら、どう対応することがよいのかなど、具体的に対応を学ぶ必要がある。

　では、何をどう学ぶのか。どんな問題の相談であれ、どんなクライエントであれ、これが最善最良というようなものはない。本物のカウンセリングは、その場そのときに応じて、クライエントとカウンセラーが力を合わせて、創造していくものであるから。

　しかし、大筋としてはこういうことが大切だ、といえることはある。

それは、どのようなものか、この章では、できるだけ具体的に説明し、提案していく。

1
カウンセリング関係の設定

初対面の関係であれば、まずは挨拶（あいさつ）を交わし、「どういうご相談でしょうか？」と尋ねることから、カウンセリング面接が始まる。

しかし、保育カウンセリングの場合は、保護者と保育者のふだんの関係がまずあって、子どもをめぐる何かの問題について、いつもよりもじっくり話し合うための関係づくりになる。

つまり、ふだんの保育の場の関係があって、そこからカウンセリングへと展開し、また、保育の関係にもどる、そういう関係である。そして、最初と最後に、そして途中でも、必要に応じて適切な取り決めと確認が必要になる。

◎関係を設定するには——①
声を掛ける、声掛けを誘う、待つ、受ける

カウンセリング関係の始まりは、日常の人と人とのかかわり開始の姿と変わらない。一方が声を掛ける。他方がそれを受ける。

保育者から、あるいは保護者から、「ちょっといいですか？」と話し合いを、求める。何かのついでの際でもよいし、あらたまって申し出てもよい。手紙でもよいし、電話でも、あるいはじかにでも。

それは、男女間の交際の申し込みと、それを受ける関係とよく似ている。それとなく誘って、あるいは何かの理由をつけて、声掛け

をする。受けるほうには「あ、もしかして……」という心当たりがあることもあるし、あるいは「え、何かしら？」と疑問に思うこともある。どちらにせよ、ここから相談の人間関係が始まる。

◎関係を設定するには──②
相談用件の伝達と応諾
「実は○○のことで、お話を……」と保護者から、あるいは「このごろの園でのようすを、お話したいのですが……」と保育者から、相談のドアを叩く。「今、ちょっと……」あるいは「今、だいじょうぶですよ」で、時間と場所が決まる。あるいは、およその時間だけ決めて、「場所はその時までに探します」と、受けることもある。

◎関係を設定するには──③
場所と時間
予定される話題にもよるが、軽い話題のつもりが、深い重い話になることもある。それゆえ、できるだけ静かに、落ち着いて話せる場所と時間帯を選ぶとよい。また、とりあえず今回は通りいっぺんの話として次につなげるという流れの場合では、保育の延長として、短時間の話し合いでも意義がある。

◎関係を設定するには──④
主題への"瀬踏み"
話し合いの開始は、保育の場のふだんの関係や話題によって、どちらからか世間話的な一種の"瀬踏み"があって、相手のようすを見ながら本題に入っていく。あるいは率直に本題に入る場合もある。

カウンセリングの主導権は、クライエントにとってもらうのがよい。だから、クライエントから切り出すのを、カウンセラーが待って、応じることが自然である。クライエントは、保育者の苦労をねぎらってから話したい主題を持ち出すことがある。あるいはじかに、あるいは、遠まわしに主題へと移行する。

◎関係を設定するには——⑤
"役割"関係の設定
　カウンセリングだけを目的とした施設の場合、あらかじめ決まっているものとして、きっちりとカウンセラーとクライエントの"役割"関係が示される。しかし、学校や保育施設でのカウンセリングの場合、相談内容の性質に応じ、話し合って役割関係を構築していくことになることも少なくない。いずれにせよ、きちんと関係を設定することが大切で、それによってカウンセリングの成果が高められる。

　基本は、子どもの生活にもっとも深くかかわる保護者が、第一の人（クライエント）として、保育にかかわる者が第二の人（保育カウンセラー）との間で、子どもの理解とかかわり方をめぐる経験を中心として「話し手−聴き手」の関係が設けられることになる。

2
カウンセラーとしての自覚

　相談の開始から終了までに、カウンセラーとして心がけたいことを列挙する。以下は、筆者の『相談の心理学』［2011］をもとに、保育に焦点化したものである。

(1) 他人事にかかわることへの葛藤を自覚する

　保育カウンセラーとして、保護者の個人的世界に触れていくことには、一種のためらいを感じる面がある。それとともに、子育て支援に役に立つことができる、という喜びがある。他人の役に立つ、頼りにされている自負心と、他人の内面に触れることへのためらいが渾然として、カウンセラーとしての基本が曖昧になるこのないよう、自覚が求められる。

(2) 日常生活の関係と相談関係との区別

　ふだんの保育の延長上に相談関係が結ばれることは、やむをえない。むしろ日常の観察を、有効に活用することができる。しかし、それゆえにこそ、ふだんの保育とカウンセリングとの関係について、慎重に考えて対処したい。カウンセリングが終われば、もとの保育関係に戻るよう、意識する必要がある。

(3) かけがえのない存在への敬意

　「あなたはこの世にただ一人の存在、ほかの誰とも代えられない、かけがえのない存在である」という敬意をもつこと。カウンセラーは、相談のはじめから終わりまで、"クライエントが自分の人生を自分で創造していく過程にかかわらせていただくのだ"という謙虚な気持ちで、クライエントを温かく、深く受容する。

(4) よさへの注目と個性尊重への視点

　保護者は、子どもと自分の問題と思えることに触れるとき、自分の不完全な面にのみ目が向いて、自分のよさへの注目を忘れることが多い。あるいは、子どもと自分の問題について触れるに当たって、ほかの保護者や、保育者に対する恨みごとを、もち出したくなる場合もある。

(5) モデル（お手本）としてのカウンセラーの姿

保護者は、ふだんの保育のようすから、保育者の誠実で温かな人柄、面倒見のよさ、保育の経験などを、高く評価している可能性がある。また、カウンセリング関係を通して、親しみと信頼の感情を新たにすることが多い。よってクライエントにとってカウンセラーは、モデル（お手本）である。あるがままの自分でいるカウンセラーの飾らない態度こそが、クライエントにとって大切なモデルとなるようでありたい。

(6) ためらいを越えるよう働きかける

人はたいがい、他人のことにはあれこれと介入するが、自分のことになると逃げ腰になる面があるので、クライエントには、自分の個人的経験を率直に開示するよう励ますことが、必要になる。また、自分のよさを語ることをためらう人にも積極的に、その子どもと、その人の肯定的な面に視線が向けられるよう励ましたい。

(7) 意見を求められたら

カウンセラーはクライエントにぜったい意見は言わないと、思い込んでいる人がいる。しかし、クライエントから何らかの意見を求められることがある。そうした場合、教えるとか、指示するとかではなく、「こんな考え方もあるかもしれないね」と、参考になる意見を例示し、それをクライエント本人がヒントにすることに意義がある。

たとえば「いろいろアイディアが浮かぶといいね、こんな……」という具合に、意見を示すのが好ましい。するとクライエントは、自ら「こうしてみようかな」と思いつく可能性が高まり、クライエントなりに主体的に取り組む流れが生まれる。

(8) クライエントの自己理解と自己変革の尊重

誰しも、人から言われてそうする場合と、自ら気づいてそうする場合とでは、大きな違いがある。クライエントが自分の経験を振り返り、これまでとは異なる見方から、自分の考えと行動を自主的に変えていく、その過程を大切にしたい。

(9) 人生の主人公としてのクライエント

人は誰しも自分の人生を、自分らしく生きていく。人生の主人公を代わってくれる人は、誰一人いない。カウンセリングの結果は、クライエントのその後の人生に影響する。その自覚が、クライエントにもカウンセラーにも求められる。

(10) クライエントの"内なるカウンセラー"にバトンを渡す

次のように考えてよいのかもしれない。クライエントはカウンセラーとの面接を重ねるうちに、あたかも自分の中で"一人問答"をしているようになっていくことがある。たとえば、次のように。

〔クライエント〕小学校時代の先生が「お前は、無理をしてしまうんじゃないかな」って、そう言って。……そのときは「そんなことない！」って答えたことがあって……。

〔カウンセラー〕うん、うん。

〔クライエント〕無理をしてしまう……、そうかなあ、どうなんだろう……。今思うと、そうだったかも……。そうだった、そう、自分を隠してっていうか、なぜなんだろう……。かっこつけたかったのかな、……そう、なぜか今、思い出して、どうなんだろう。……かっこつけてしまう、今、どうなの。そう、だからつらいんだ、そうだ、今も……。

以上の例のとき、クライエントにとって、目の前のカウンセラーはそこからいなくなっている。

　クライエントは、昔の自分と対話しているうち、"今の自分の心"と対話しているようになって、カウンセラーは、「うん、うん」と見守って、励ましているような感じになっていたのである。

　人は、誰しも自分の心の中に相談相手をもっている。困ったときには、「あの人だったらどう言うだろうか」と考える。親だったら、小学校時代の先生だったら、どう言ってくれるかと考える。つまり、人は自分の心を分かってくれて、必要な助言をしてくれる相談相手を、自分の心の中にもっているのである［福島脩美、2010］。

　保育カウンセラーもまた、適切な相談と、助言が行われたならば、相手の心の中に残って、その後も、クライエントの"内なるカウンセラー"となることができるようになるのかもしれない。

(11) クライエント第一主義と例外について

　カウンセリングは、クライエント第一主義によって貫かれる。クライエントが自分で考え、自分らしく課題に取り組み、自分らしさを伸張していく、その過程を、第一に考える。

　子どもの人格、あるいは保護者の人格を尊重する・守るという視点から、相談の詳細については秘密が守られる。本人の許可なしには、ほかにもち出さない。その安心感が、クライエントの自己開示を支える。しかし、例外がある。

　他人および自分に対する破壊的行為に対しては、カウンセラーであっても、社会人としての責任を守る。傷害事件や自殺企図が明らかな場合などは、関係機関に連絡しなければならない。

第10章

保育カウンセリングにおける基本的技法

　カウンセリングの基本技法に関する、いろいろな紹介を読んで吟味すると、共通して重要な要素が含まれていることが分かる。すなわち、カウンセリングがプロセスとして、およそ三つ～四つの段階を踏み、それぞれの段階に応じて、技法が展開されることが分かる。

　この章では、保育カウンセリングにおける四つの段階として、カウンセリングのプロセスと、技法について概観する。

1
関係づくり（場面構成、取り決めなど）

　クライエントを迎えるカウンセラーの受けとめに関するもの、技法の実施の準備となるものとして、カウンセリングの第一歩は関係

調節にあるといえる。この段階で重要なことは、保護者と親しい感情が交流し、打ち解けて、保護者が信頼して自分のことを話せるような関係性である。

そして、保護者の話を聴いて、自分のことのように共感できること、ごく自然にそうなれること、また、そのような雰囲気をもっている人は、よき保育カウンセラーへの第一歩が容易な資質の持ち主であるといえる。つまり、人間関係能力は、よきカウンセラーへの第一歩であり、資質の一つであるといえる。

◆人づき合いの得意・不得意はカウンセラーの条件か

そうした社会的つながりの力を、自然にもっている人がいる。

性格や生い立ち、友だちづきあいの歴史、家族関係などが、よい方向に結実した結果ということも考えられる。しかし、こうした資質の所有者が、よいカウンセラーになれる、とは限らない。対面の最初はよいが、だんだん行きづまってしまう場合がある。

むしろ、人づき合いの不得意な人が、社会生活の中でいろいろ苦労して対応力を身につけることで、人の心が分かり、他人に優しくなれる可能性がある。人それぞれの個性をもって、カウンセリングをしっかり学び、いろいろなクライエントとかかわる経験を積むことがよいであろう。

では、道徳的資質は、どうか。真の道徳性は、カウンセラーとして必要な資質の一つである。しかし、いわゆる四角四面の堅物では、迷い悩んでいる他人に共感的傾聴ができるか、受容もできるかどうか、よほど配慮と自覚が必要になろう。

また、温かい人間関係づくりの能力に恵まれていることは、大きな利点であるが、それだけではよきカウンセラーになれるとは限らない。

保護者の中には、何かにつけて周囲の他人に、批判的態度を示す人がいる。攻撃的な人もいる。あるいは、何かにつけて、他人から責められたと思いやすい人がいる。心を閉ざしている人がいる。

　たとえそのような傾向の人でも、あるいは、むしろそうであるからこそ、人間関係につまづき、カウンセリングを求めている。

　そういう人の相談に乗ることが、決して少なくない。それゆえ、カウンセラーには、柔軟な見方・考え方で、さまざまな人とその状況に対応する能力が望まれる。

◆温かい視線と態度を、ごく自然に身につける

　人には、相性のようなものがある。あるクライエントとはどうも、親しい関係になれないということがある。

　カウンセリングの主題からいったん離れて雑談にを誘ってみて、その人の素直さや明るさに目を向けることで、肯定的関係へ、共通な話題へと転換することができ、それによって、敬愛と親しさの関係へと、転換を図ることもできるだろう。

　たとえば、クライエントの胸のブローチに目を向けて、「動物のブローチのようだけど、シカかな？」と話題にしてみると、そこから大好きな犬の話になり、やがて打ち解けて、親しい関係へと近づく機会になるようなこともあるだろう。

　保護者が子どもといっしょであれば、たとえば、子どもの持っている動物の絵柄のバックに話を向けるのもよいだろう。そこで、子どもが大好きなウサギが話題になって子どもはニッコリ笑い、そのようすに保護者と保育者がいっしょに目を向けることで、打ち解けることができるかもしれない。カウンセリングを学ぶことは、人への温かい視線と態度を、ごく自然に身につける道でもある。

◆揺れのない安定した態度が、信頼関係を結ぶ

　クライエントに心を開いてもらうには、優しいまなざしと、温かい言葉掛けとともに、クライエントに向かって、カウンセラーとして自ら心を開くことが必要になる場合もある。

　クライエントの経験に温かく傾聴し、自然な共感と受容の態度で応答するようになるためには、どういう工夫ができるのだろうか。

　いくつかポイントを挙げてみよう。

　まず、クライエントに気を遣いすぎないことである。こちらが気を遣えば相手も気を遣う、こちらが身構えれば相手も身構える。関係は相互的である。カウンセラーとしては相手がどうであっても、ごく自然な、安定した態度で適切な関係をつくり上げることが大切である。揺れのない安定した態度は、信頼関係を結ぶ上で特に有効である。

　また、相手との適当な距離を保てることも、大切である。クライエントから辛い経験を聴くと、ついつい同情したくなる。しかし、同情は、クライエントから主導性を弱め、依存性を強める原因となることを、肝に銘じるべきである。

　これまでの章でも書いてきたように、「同情」と「共感」とは似て非なるものである。

　このことをよく理解し、自分の力とすること、また、同情に走らないだけでなく、物事に動じない態度が、クライエントとの適切な関係を築く上で大切なことである。

2

理解の交流（話すよう励まし、傾聴し、理解を伝える）

　カウンセリングは、クライエントの経験に耳を傾けて聴くことを、最大の仕事成分とする。この段階での重要な技法となる、質問と反映技法についてみてみよう。

1）質問技法

　クライエントの経験を知りたい、話してほしいとき、ごく自然にカウンセラーから質問が出る。

［質問技法◇1］　閉じた質問と開かれた質問

　たいがいの質問は、"閉じた質問"か"開かれた質問"かどちらかに分けられる。それぞれに特徴がある。

　閉じた質問は、一般に「はい（Yes）、いいえ（No）」で反応が返ってくる質問である。たとえば、次のように。

　「お子さんは4歳になったのかな？」→「いいえ、まだです」

　一方、開かれた質問は、相手から具体的な答えが返るような問いかけであり、疑問詞（「どうして」「誰」など）つきの質問になる。

　○「どうして（Why）けんかになったの？」
　　→「だって相手が砂をかけたから」
　○「どのように（How）相手に言ったの？」→「謝ってくださいって」
　○「それはいつ（When）のこと？」→「昨日のこと」
　○「誰（Who）が誰に（Whom）言ったの？」→「先生が、花子に」
　○「何（What）をして遊んでいたの？」→「山を、作っていて」
　○「どこで（Where）遊んでいたの？」→「砂場で」

一般に、「はい、いいえ」だけで答えられる、"閉じた質問"だけを繰り返していると、クライエントは、だんだん無口になり、受身になっていく。つまり、カウンセラー主導の面接になっていく。

　見方を変えると、無口で言葉少ないクライエントだから、カウンセラーは"閉じた質問"になり、カウンセラーが自分の知っていることを確認するような面接になる。そして結果的に、ますますクライエントは受身になっていく。こうした悪循環を断ち切るには、疑問詞つきの"開かれた質問"がよいといえる。

◆"開かれた質問"は、具体的な反応を引き出す

　実際、学校の教師や警察官などは、事実を確認しようとして、閉じた質問をすることが多くなる。

　また、子どものことを何でも把握しなければ落ち着かない保護者は、たとえば「R美ちゃんと遊んだのね？」「J太君とはけんかはしなかったでしょうね！」などと、閉じた質問を畳み掛ける。これでは、子どもは心を閉じ、武装してしまう。

　開かれた質問の場合、カウンセラーの示す問いに対して、クライエントは、単純に同意・不同意を「はい」「いいえ」で問われたことに応えるのでなく、何をどう応えるかが、大きくクライエントに委ねられる。その幅が大きい。

　そして、クライエントから具体的な反応を引き出す。カウンセラーはクライエントの言葉を待ち、それを聴いて、理解を広げていく。面接の主導権は、ある程度クライエント側に移る。

　だからといって、いつも、何でも、開かれた質問がよいわけではない。自己開示をためらうクライエントにとっては、自分の意見を言わなければならなくなって、困惑する。

◆ "閉じた質問" が、ふっと心を開くことがある

　幼い子どもの場合、開かれた質問よりも、閉じた質問の方が、応えやすい。小学生や中学生でも、あるいは大人でも、話したくない気持ちがあれば、開かれた質問に対しては、沈黙へと流れる傾向が感じられる。そのとき、閉じた質問が、ふっと心を開くことがある。

　以前、筆者の相談室に連れてこられた少年が、無言を通していた。そこで「あ、この子は3年生だったかな……」と、独り言のように口にしたところ、「ちがう、1年だ」という声が聞こえ、それをきっかけに、最初は乱暴な口調で、やがては丁寧な言葉で、経験を話すようになった。

　カウンセラーは、クライエントのようすを見て、質問の仕方をいろいろ工夫してみるとよい。開かれた質問と閉じた質問を、適宜混ぜると、クライエントは話しやすいようだ。閉じた質問から開かれた質問へ、あるいは、開かれた質問から閉じた質問へと、話題により、クライエントの状態により、柔軟に移り変わることがよい。

[質問技法◇2] 何について何のために質問するか

　質問は、基本的にクライエントの話（経験）に沿って行われる。カウンセラーは話を聴きながら、クライエントの経験を、わが身に移して聴く。つまり代理体験する。その経過の中で、カウンセラーの心に浮かぶ疑問や感慨を、クライエントに伝える。クライエントの経験をさらに深く、十分に経験するために、"クライエントの心"になっていく過程での、質問になる。

　したがってカウンセラーは、クライエントの心の中を散歩するようになって、クライエントの経験の場に自分を置いてみる。

そして、さらによくクライエントの状況を理解するために、質問する。カウンセラーの単なる個人的関心によって、クライエントに質問するのではない。クライエントを、もっとよく理解するために、質問する。

[質問技法◇3]　話題の人か、目の前のクライエントか

　たとえば「そのことについて、ご主人はなんとおっしゃっているのでしょうか？」という質問は、話題の人、つまりクライエントがかかわる相手の人がどうしたか、何と言ったかを問う質問である。

　これに対するクライエントの応答は「夫は……で」となり、主語は、話題の人になる。もちろん、クライエントにとって重要な関係者がどういう人で、クライエントがどう思っているかを尋ねることは、決して無駄ではない。だが、それは、ともすると事柄の情報交換になってしまう。

　たとえば「夫は、じょうずにぽかすんです。『上司のＧさんに誘われて断れなかったんだよ。別に女と何かしたってことではないよ』なんて、うまく逃げられてしまいます」と、クライアントが言う。

　これに対して、「そのことで、あなたの気持ちはどうでしたか？」という質問をすれば、今度は質問の主語は「あなたは……」であり、目の前のクライエントが主人公になり、クライエントの応答はクライエント自身のこと、クライエントの気持ちになる。

　基本的にカウンセラーの質問は「あなたは……」「あなたとしては……」「あなたの気持ちは……」などと、目の前の人を主語としたものになることが多い。カウンセラーは、クライエントとともに歩く人、クライエントの気持ちに寄り添う人であるから。

[質問技法◇4] 事柄か、気持ちか

　事柄を大切にして、しかし、気持ちにもしっかり目を向けている。そして、クライエントの話を聴くように質問する。そのためには、クライエントの性格や興味や問題意識について、温かい関心を向ける。

　どんな出来事があったのか、どんなことを感じ、どう思っているのかについても、話してもらい、クライエントの心にじっくり寄り添うことに努めるのである。

[質問技法◇5] そのときの気持ちか、今の気持ちか

　クライエントの話を聴く。どんなことがあったのか、どう思っていたのか、"そのときの気持ち"を振り返って、どういう経験であったと考えるのか、クライエントの語ることをじっくり聴く。

　そしてクライエントは"今どんな気持ち"でいるのかをカウンセラーに話していくことによって、重要な自己理解を得ることになる。

[質問技法◇6] マイナス面かプラス面か

　クライエントの視線は、自分についても周囲についても、マイナスの感情へと傾いている場合が多い。しかし、クライエントの心の奥深いところでは、自他への温かい思いが、宿っているものである。

　その内なる思いを、それとなく感じとったカウンセラーは、クライエントに「今、どういう気持ちが芽生え、動いているようですか？」と問いかける。こうした質問に応えることを通して、クライエントは、自分を信じ、身近な人に対する肯定的感情を自分の中に認めることができるようになるだろう。

2) 伝え返し（応答）技法

クライエントがカウンセラーの質問に導かれ、または、自ら経験を話したとき、あるいはクライエントから質問があったときの、カウンセラーの応じ方、それが、「伝え返し（応答）技法」である。

「伝え返し」は、実に幅が広く、カウンセラーが適切な伝え返しをするとき、カウンセリングは大きく進展し、クライエントの自己理解が深まる。「伝え返し」の働きとして、いくつかのタイプがある。

[伝え返し◇1]　言葉にならない態度と気分を受けとめて返す

クライエントの表情や態度など、言葉にならない「非言語的表出」に目を向けて、カウンセラーがそれを、どう受け取っているかを返す。

たとえば、クライエントの顔の表情、声の質や口調、身のこなしなど、非言語的に表れるようすに気づいて、「今、疲れている感じだね」とか、「なんか、いらいらしてるの、かな」とか、「なんか、うれしそうだね」などと、クライエントに伝えることができる。

そうすることで、言葉のやりとりへと展開することが多い。一般的には、クライエントの無言の態度や気分にカウンセラーが気づいて、その姿を言葉で伝えようとする。

[伝え返し◇2]　話すように励ます

クライエントとのやり取りの中で、ごく自然にカウンセラーが行っている行為の一つが"うなずき"である。うなずきに加えて、身を乗り出すような姿勢や、相手の表情への注目などもある。カウンセラーは、そうした非言語的な反応によって、クライエントの自己開示を励まし、促していくのである。

また、言葉によるやりとりの中でもっとも簡単にして単純なもの、たとえば「ふんふん」「そうそう」「なるほど」なども、それと意識しなくても、クライエントに、話すように励ますことになる。

　多くのカウンセラーの発言のうち、もっとも多いのが、これらである。

　クライエントの話を聴いて、カウンセラーから「それで……」とか、「そうなると……」などの言葉が返されることがある。これはクライエントに、もっと話すように励ます効果が期待される。

　また、クライエントの発言の中で大切かと思える部分、あるいは、話の最後の一言を繰り返すこともあって、クライエントにさらに話すように励ます、あるいは、それとなく促す働きをしている。これは、カウンセラーによる"反復"と呼ばれる。

　経験のあるカウンセラーは、面接相談の要所要所で、意識的にこのような励まし技法を活用して、クライエントにもっと話すように、ためらいを吹っ切るように、促すのである。

[伝え返し◇3]　感情の反映

　カウンセリングの成否を決める決定的な要因が、感情をどう受けとめてクライエントに返すかである。私たちは、自分の感情を自ら抑えて、他人とかかわって、社会的に活動している。

　実際には「この役は、もう辛い」と思っていても、そういう態度は隠して、何らかの仕事をしている。年度の初めに「この先生よりあの先生がよかったのに……」と内心思いつつも、担任には笑顔で接する。子どもといえども、担任の先生にはよい態度で応じる。

　また、気が進まなくても、親から要求されて"よい子"にしてい

> 《簡単な"感情の反映"の例》
> ▽**クライエント**　　　　　　　　　▽**カウンセラー**
>
> 「どうして先生はきてくれないの?」　→　「来てほしいのね?」
>
> 「もうずっと待ってるのに」　　　　→　「イライラしているのね」
>
> 「子どものことで、もう
> 　どうしたらいいかわからない」　　→　「本当に困っている」
>
> 「今朝はもう、どうなることかと」　→　「もう、ピリピリって感じかしら」

るうちに、本当の感情を気づかないように押し込めてしまって、ある日突然、登園できなくなる子どももいる。

　カウンセラーが、クライエントの感情を感じ取って、クライエントに伝え返しをすることを、"感情の反映"という。

　ロジャーズの言うように、カウンセラーは"クライエントを映す鏡"である。自分の姿が鏡に映るように、クライエントはカウンセラーの"反映"を手がかりとして、あらためて自分の気持ちに向き合うことになる。つまり、カウンセリングは、"クライエントが自分の気持ちに気づくこと"への援助を、基本としている。

　クライエントの発言を受け、そこに含まれた感情を受け取ってクライエントに伝え返す技法を、特に"感情の反映"技法という。

　たとえば、上記の囲みのようなクライエント発言に対するカウンセラー発言は、簡単な"感情の反映"であり、感情を"伝え返し"ているといえる。そして、クライエントは、カウンセラーがどう受け取っているかを"カウンセラーの鏡"に映る自分の姿に目を向けることによって気づき、自己理解へと歩を進めるのである。

ところで、「質問技法◇6」で触れたように（182ページ）、クライエントのマイナスの視線をどう"伝え返す"かは、非常に高度な判断になる。クライエントは、マイナスの言葉を口にしても内心はプラスの場合が少なくないから、カウンセラーがマイナスで返すと、妙なものになることがある。クライエントの内面を、よく理解する目が、カウンセラーに求められるゆえんである。

[伝え返し◇4] クライエントの質問への応答

先に、カウンセラーからクライエントへの質問の仕方について見てきたが、クライエントからカウンセラーへの質問も、決して少なくない。特に、保育や教育にかかわる領域では、クライエントからの質問にどう応じるかということが、特に重要な問題となる。

質問に対してじかに応えようとすれば、教師から保護者への知識の伝達を中心としたやり取りになりやすい。クライエントは質問者で、カウンセラーが応える人になって、クライエント中心でなく、カウンセラー中心になっていく。

その挙句、保護者はたとえば、
「先生のおっしゃる通りにやってみましたが、うまくいきません。どうしたらよいですか？」

と、さらなる助言を求める。つまり、受身になっていく。ときには"先生の英知"を評価する側に回り込む。それでは、本来のカウンセリングとは別のものになってしまう。

質問に対しては、その質問の背景にある状況と動機に注目することが大切である。

たとえば、次のように対応してみたい。

〔質問〕「先生、ウチの子、ひらがなを書いてくれません。どうしたらいいですか」
〔対応A〕→「お宅では、どういうようすなんですか」
〔対応B〕→「どんなふうに教えていらっしゃいますか」
〔対応C〕→「いろいろがんばっているようですね。いっしょに考えましょう」

3
カウンセリング面接における基本的技法の実際

これまでに取り上げた基本的技法について、実際にどういうものか、ここで、いくつかの模擬的な経験の機会を用意する。

カウンセリングを学ぶ仲間とともに取り組むことによって、実感として学び、実際の場面へと展開する手がかりとなるだろう。

[話しやすく聴きやすい空間の構成◇1]
立ち話の場合

子どもを保護者が迎える場で、あるいは、子どもを送ってきた保護者との出会いの場で、少しの時間、立ち話をすることがある。短時間であっても、保護者と保育者の対面コミュニケーションの機会である。

なお、周囲にほかの保護者や保育者がいることが多いと思われるので、少し場を替えてみて、クライエントもカウンセラーも、あまり周囲に気兼ねして話すことのないように配慮もしたい。

[話しやすく聴きやすい空間の構成◇2]

目線の高さ

「上から目線」という表現がある。上司が部下に、あるいは先輩が後輩に、有利な立場で言って聞かせて、相手は「はい、かしこまりました」とか、「分かりました」と応じる場合である。

しかし、カウンセリングにおいては、お互いに、人として対等に、尊重し合うことが基本であるから、当然、配慮が求められる。

立ち話の場合、背の高い方が低い方を見下ろし、低い方が高い方を見上げるという位置関係になる。その場合、心理的にも窮屈な感じが起こり、それがなんとなく伝わる。そうしたとき自然に、しゃがむなり、付近の物に腰を下ろすなど、臨機応変に工夫をしたい。

座位の場合も、目線の高さを少し調整したほうがよいと感じられるならば、座り方を調整するとよいだろう。その際、対面するのでなく、横並びでの対話、あるいは斜めの対話も、工夫の一つとなる。

[話しやすく聴きやすい空間の構成◇3]

椅子に掛ける場合

「ちょっと掛けませんか？」と、椅子に腰掛けて話を聴く。落ち着いて話してもらい、じっくり耳を傾けることができる。椅子と椅子であれば、いろいろな位置関係の調節が容易である。なるべく椅子を引き寄せて、近くなりたい。もし窮屈に感じるかもしれない場合は、体の向き、対面関係を少し斜めにすると、印象が変わる。

そのような体験を通して、実際のカウンセリングにも、活用することができる。

一般に、斜めの位置になると、距離の近すぎる感じが弱まる。

[話しやすく聴きやすい空間の構成◇4]
テーブルとソファーの場合

　二人でテーブルをはさむような位置取りの場合、両者の顔と顔の間は１メートル程度か、それよりも少し長い距離を、隔てることになる。この場合、姿勢の調整が重要になる。カウンセラーは、背筋をまっすぐ立ててクライエントの話を聴くことが基本であるが、相手の姿勢や話し方や話の内容によっては、上半身を前に傾けて、身を乗り出すように耳を傾ける。

　そしてまた、もとの基本姿勢に戻ったり、ソファーに背を持たせたり、身を沈めたりする。

[話しやすく聴きやすい空間の構成◇5]
机と椅子の場合

　一般に、机と椅子は仕事机、勉強机の連想もある。よって、事務的な、硬い印象が薄らぐような工夫がほしい。最近の椅子は可動性が高く、前後左右に動かしやすい。また、座ったままで体の向きを自由に変えることが、容易である。そのような可動性を活かして、クライエントの状態に応じて柔軟に対応しつつ、また、姿勢や表情によってくつろいだ雰囲気を醸成することができる。

[話しやすく聴きやすい空間の構成◇6]
ながら対話の場合

　何か作業をしながら、話をし、また、話を聴く場合がある。あらたまって「話し手－聴き手」関係になる場合よりも、緊張しないで、自由な気持ちで話し合えるという利点がある。

【演習】やってみよう、感じてみよう、自然な距離

① どちらからともなく、おたがいに位置どりが決まる場合、二人の間に、どの程度の距離が、自然にできているだろうか。

② それから、少し離れてみたり、近づいてみたりして、どう感じるだろうか。

③ それぞれが腕を伸ばして、指先が触れそうな距離をつくってみよう。どういう印象が起こるだろうか。

④ その位置からお互いに少し近づいてみて、どういう印象になるだろうか。

⑤ 片方の人だけの腕が伸ばした距離に立つと、二人はどう感じるだろうか。

⑥ それから、少し離れてみたり、離れてみたりして、どう感じるだろうか。

⑦ そのほか、一方が近づいたり、離れたりした場合、他方は、どう感じるだろうか。実際に、いろいろ位置を代えて、体験してみよう。

⑧ 立ち位置は変えずに、上半身を相手側に傾けた場合、また、後ろへ反った姿勢になった場合、どう印象が変わるだろうか。

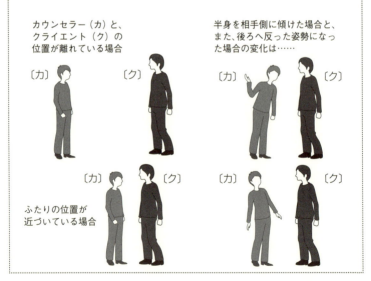

カウンセラー（カ）と、クライエント（ク）の位置が離れている場合

半身を相手側に傾けた場合と、また、後ろへ反った姿勢になった場合の変化は……

ふたりの位置が近づいている場合

たとえば、紙切りが好きな園児に、その手伝いをしながら話を聞く場合や、保護者と保育者が、何か同じ作業をしながら最近のようすを話し合う場合、あるいは、いっしょにおやつを作りながら母と子がおしゃべりする場合、などである。

　ふだんの生活の中では、近年はやりの女子会とか食事会なども、ながら対話のよさを活かしているとみることができる。

　距離を考えるための演習を、用意した（190ページ）。
　立ち話の距離は、二人の親密度や役割関係などによって、異なることが知られている。保護者と保育者のふだんの間柄によって、また、相談事の性質によって、どう変わるだろうか。考えてみよう。
　立ち話の際も、カウンセラーは立ち位置に敏感になれば、クライエントと適切な距離・位置を調整し、関係を工夫することができる。

4
非言語的コミュニケーション

　カウンセリングは、原則として、言葉によるコミュニケーションを通して行われる。ふだんの生活においても、言葉によるコミュニケーションが重要な働きをしている。

　Aが「その棚の上の品物をとってくれ」と頼むと、Bは「いろいろあるが何かな？」と問う。Aが「出かけるからマスクをしたい。あるだろう？」と応じ、「それならこれだ、はい、どうぞ」と、望む品物がBからAに手渡される。もしも言葉によって行為と指示物を表すことがなかったら、とても面倒なやり取りになるだろう。

カウンセリングにおいても、保護者が「今、子どもが、〇〇〇の状態だ」と言葉で、子どもの行動のようすを伝える。それを聞く保育者は言葉で、子どもの行動のようすを理解することができる。

　もしも、もっと詳しく知りたいなら、保護者にさらなる説明を求めることができる。実際の行為や環境のようすについて、私たちは言葉で理解を交換する。言葉は、とても便利な道具である。

◆言葉になりにくい感情や関心を、表情から補う

　しかし、言葉に頼ることで、思わぬ理解の間違いを犯すことが、しばしば起こる。子どもの実際の姿と、保護者の捉えた子どもの姿との間にはギャップがある。さらに、保護者から話を聴いた保育者がどう受けとめるか、そこにも大きなギャップがある。とりわけ、話す側の感情や関心のあり方は、なかなか言葉になりにくい。そこで、表情や声の質などに注目して、言葉の内容を補うことが必要になる。

　カウンセラーは、クライエントの言葉の内容に加えて、表情や態度や音声の特徴などに十分に関心をもって、全体としての情報を汲み取ることが求められる。

　次の、非言語的コミュニケーションを、演習体験してみよう。

　二人の人の間で、あるいは、小集団の中で、役割をいろいろ工夫して、経験してみよう。実際のカウンセリング場面でも役立つ演習となると期待できよう。

【演習】「話し手」役、「聴き手」役を決め、二人以上で演じる

①「話し手」は、人為的にある感情をつくり、胸に秘めて、言葉を言う。

②「聴き手」は、話し手の感情を読み取る。そして、事後に話し合う。

◎非言語的コミュニケーション演習——①

保護者から保育者に「こんにちは」と挨拶する

その際、

1) 心から尊敬・信頼・好意をもって、親しみを込めて言う。
2) 尊敬も信頼もしていないが、子どものこともあるから、丁寧に言う。

さて、言う側も、聴く側も、どういう経験になったか、表情、物腰、声、視線など、どういう相違があったか、感じたか、話し合おう。

次に、役割交換をして、実施してみよう。そして、どういう面に注目すると、適切に相手の態度を把握することができるか、そして、自分の態度にも注意を向けてみる。その結果について話し合おう。

◎非言語的コミュニケーション演習——②

保育の場での子どものようすを話す

まず、「うちの子はこのごろどうでしょうか?」と、保護者(話し手役)が問いかける。そして、保育者(聴き手役)から保護者に、保育の場での子どものようすについて、次のような内容の話をする。

「実は、ちょっと元気すぎるところがある。もう少し落ち着いて、他人の話を聴けるといいのだけれど。しかし、明るい子だから、人気者ですよ」のような。その際、以下のように話し方を変えてみる。

1) 保育の場での子どもの実際の姿を、淡々と、説明する。
2) 子どものようすについて、「よいところがある子で、保育者としても、この子のよさを十分に認めて、好感をもっている」という態度で、保護者に伝え、いっしょに考えたいという気持ちで、話をする。
3) 子どものようすについて、「実は困っている。保護者としても、この子が、もっとよい子になるよう、家庭でも、注意してもらいたい。

そうすれば、この子のよい面が、保育の場でも認められるようになるでしょう」という態度で、保護者に話をする。

さて、表情や声には、どういう特徴が出るだろうか。

どういう印象が、行き交うだろうか。そして、子どもへのかかわり方にどんな変化が、期待できるだろうか。保育者と保護者の関係は、どうなるだろうか。

◎非言語的コミュニケーション演習── ③
保護者として子どものようすについて話す

次に、保育者の意見を求める。「子どもは言葉遣いが悪いようで、乱暴な言葉が出るかもしれない」ことを話す。

その際、次のような三つの態度それぞれについて、体験してみよう。

1) なるべく保育者任せにして、自分は評価する人になろうとして。
2) できるだけ自分で工夫したい、「あまり、介入されたくはない」という本音があるという態度で。
3) 保育者と相談しながら、子どものために、できることを工夫したいという態度で。

さて、どのような会話になり、どういう態度や気持ちが交流するだろうか。そして、どういう点に気をつけたらよいか、話し合ってみよう。

ここに挙げたのは、ほんの一例に過ぎない。

実際に、どういうことがあるか、どういうことを取り上げるのか、"実際に即して、話し合う"という態度で、理解を深め広げるための演習を、経験してほしい。表情や態度といった非言語的側面に注意深くなることは、よきカウンセリングへの大切な要素となる。

5

ラポート（信頼関係）の形成

　カウンセラーと、クライエントとの間に形成される、ポジティブな信頼関係のことを「ラポート（"rapport" 英語読み）」、あるいは「ラポール（同じ語のフランス語読み）」と、言う。一般的な言葉としては"気持ちが通じ合える関係"が対応するだろう。

　保育の場では、保護者と保育者の間に、あるいは、保育者と子どもとの間に、そしてまた、保護者と子どもとの間にも、"気持ちが通じ合える関係"が、すでに形成されているはずである。

　だが、「クライエント−カウンセラー」関係として、あらためてこうした関係性の構築・再構築と確認がなされることになる。

　ときとして、カウンセリング関係になりにくい要因がすでにあると感じられる場合、特に丁寧に、適切な親和・信頼関係の形成に努める必要がある。その際、クライエントが寄せる態度が必ずしも好ましい方向でない場合、工夫が求められる。非言語的コミュニケーションにも、十分に配慮しなければならない。

1）保育者が、保護者の子育てに疑問や不安を感じている場合

　前の章でもみたように、保育者と保護者の関係は、ともに保育の経験をもっていることで分かり合える面があるだけに、かえって、対立関係に陥る場合も少なくない。まずは互いに認め合い、尊重し合える関係の構築が、第一の課題となる。

　基本的受容が肝要である。保護者の"今の姿"を、基本的に受容する。子育ての喜びも悲しみも、楽しさも苦しさも、あるがままに

受けとめ、深い理解を表す。そうすれば、そのような保育者の受容の態度は、言葉だけでなく、温かなまなざしによって保護者に伝わり、保護者は、あるがままの姿をカウンセラーにみせてくれるだろう。

　その結果、両者の間に親和信頼の関係が醸成される。カウンセリング関係が、ここから動き出していく。

2）保護者の側に、保育者への疑問や不安や不信感がある場合

　たとえば、保護者の側に、保育者に対する批判的な気持ちがあったとする。しかし、保護者としては、子どもが捕虜になっているような気がして、表向きだけの丁寧な言葉で接している。それでも、保護者の気持ちは、たちどころに保育者に伝わるものである。

　しかし、いったんカウンセリング関係に入ることができれば、保護者の見方は、大きく変化することになる。その結果、
「保育者を今まで誤解していた。大勢のやっかいな子どもたちにかかわっている関係で、そっけない態度や怖い顔を見せていたのだろう。話してみたら、温かい人、優しい心の持ち主であると分かった」
　と、信頼の心が始動するに相違ない。保護者のそうした態度はカウンセラーに伝わることになる。つまり、受容には受容が返ってくる、「ウイン・ウイン（win-win）」の関係が始動したのである。

3）子どもの状態に何らかの不満があり、心が晴れない保護者に

　あるがままに受容される経験は、誰にとっても、うれしいものであろう。ましてや、自分の心に深い苦悩と迷いをもっている人にとっては、癒される心地がして、自己の心に向い合う勇気が、湧き起こるようである。

クライエントはやがて、「実は、先生は私を買いかぶっている。私はひどい母親なんです」と、これまで表現しなかった自分の一面を率直に、表現し始める。その勇気こそ、さらなる敬愛の関係へと展開されることになるだろう。

「どうして、そう思われるのですか？」とカウンセラーは問う。その表情の温かさに、クライエントは勇気をもって、自己のマイナスの考えと、感情と、行為を吐き出すことだろう。

カウンセラーは、それも人間の生きる姿として受容するに相違ない。カウンセラーから"無条件の受容"のまなざしで温かく受けとめられる経験によって、クライエントは自己を、あるがままの姿として受容するようになる。その傾向がしだいに強まるとき、保護者としてそれまで受け入れ難かったわが子を、あるがままに受け入れ始める。

そのような、クライエントの一連の"心の旅の過程"をじっくりと伴走するカウンセラーの役割が、そこにある。

4) カウンセリングについて、大きな誤解がある場合

カウンセリングへの誤解から、ためらいがある場合がある。多くの場合、次の二点が、主なもののようである。

(1) 内面を探られることへの心配

一般的に、カウンセリング（と心理療法、あるいは心理学全般）に関して、"内面を探られる"という心配があるようだ。

しかし、現実にはあり得ない。それは実際のカウンセリングの姿とは、大きく異なるものである。目の前の人の"心を読む"ようなことは、できるものではない。もしも、目の前の人が何を考えているか瞬時に分かる人物が現れたら、社会的混乱を招く大問題である。

「他人の内面が分かるかもしれない」という考えは、迷信的錯覚によるところが、大きい。そんなものがあると仮定したところで、玉手箱には何も入っていないし、舌切り雀のつづらにあるのは何かのかけらや石ころだけだし、パンドラの箱と思った箱からは、お化けが出てくるだけである。

もしも、ある人の心をもっともよく知ることができる人物がいるとしたら、それは、その人本人以外にはいないだろう。

カウンセリングは、本人が自分の経験を振り返り、自分の心のあり方を自分で気づくようにその人に寄り添って、少しだけお手伝いすることが、仕事である。そのことに気づいてくれるようになることが、カウンセリングの目標である。

(2) 教えてくれる、支持してくれるという誤解

カウンセリングに関する大きな誤解が、一つある。それは「カウンセラーが教えてくれる、指示してくれる、肩代わりしてくれる」、だから「頼れば、救ってもらえる」という誤解である。

カウンセラーは、お金を恵むことはできない。苦しみを代わって引き受ける存在でもない。魔法使いでもない。

もしも、そういう期待からカウンセリングを求めるのであれば、クライエントに向かって、カウンセラーの役割とは、まず"この世の最大の助っ人は自分自身である"と気づいてもらうこと、また、自己信頼の力を獲得するにいたること、そして、クライエントの主体的な問題理解と解決への取り組みの過程を側面から支援するに過ぎない、ということを、実際に、経験的に理解するようになるように、話してみるとよい。

クライエントは、やがて分かってくれるものである。

5)自罰的態度による変化への抵抗にどう対応するか

あるクライエントは、「自分のような人間が幸福になることは許されない」と言い、面接を避けるようになった。

カウンセラーは、これまでのカウンセリングが早く進みすぎたかと反省し、クライエントの相談抵抗が和らぐまで、雑談でつなぎ、機会を見て、本筋に戻る機会を待つことにした。

以下、クライエントを〔ク〕、カウンセラーを〔カ〕として会話順に番号を振っている。

〔カ1〕これまでのところで、なんか気が重くなっているのでしょうか。話してくれますか？

〔ク1〕ここまで優しく聴いてくれて、温かい気持ちが伝わってくるのですが、もう十分です。子どもと私自身の問題ですし、こんなに優しく聴いてもらうのは、申しわけないです。

〔カ2〕あの……、ここまででもう十分で、前に進むのは気が重いってことでしょうか？

〔ク2〕というか、今の、私と子どものままで苦労することにも意味があるのかという思いがあって……。

〔カ3〕なんか、さびしくなりますね。

〔ク3〕私もそうです、ちょっとそういう気持ちもありますが……。

〔カ4〕では、どうでしょうか。少しゆったりと、もっと自由に顔を見せに来てくださってもいいですよ。

〔ク4〕そうですね、まあ、忙しいわけでもないから……。

〔カ5〕このごろサッカーがブームのようですが、関心はあります？

〔ク5〕この前、見に行きました。子どもが大喜びしました。好きなチームが勝ったものですから。

〔カ6〕あ、そうですか。O君、大喜び、よかったですね。応援してるチームが勝つって、うれしいですよね。
〔ク6〕自分が勝ったみたいに自慢しています。珍しく大きな声で。
〔カ7〕それじゃあ、ご家族も元気になったんじゃないかしら。あなたもファンですか?
〔ク7〕そうですね。いっしょに行ってよかったです。
〔カ8〕それはよかったですね。
〔ク8〕(にこやかに、うなずく)。

　以上の対話は、話題がスポーツ観戦のことで、形は雑談のように見えるが、まさにカウンセリングになっている。
　カウンセラーによる、〔カ3〕の自己開示があり、〔カ6〕の感情の反映があって、この保護者とは、カウンセリングの関係に戻ることになった。

6

質問と応答(伝え返し)の連鎖

　カウンセラーとクライエントとの間で、話し合いによってカウンセリングが進められる。そこには、いくつかの連鎖のパターンがある。

1) カウンセラーの質問とクライエントの応答
　カウンセラーは、クライエントの経験と気持ちの動きについて話を聴き、それをどう受け取ったか「伝え返し」をする。それには、まずカウンセラーからクライエントへの質問が行われる。

〔カ1〕それは、いつのことですか？(**閉じた質問**)

〔ク1〕先週のことです。

〔カ2〕そうですか、で、どんなようすでしたか？(**開かれた質問**)

〔ク2〕そりゃあ、もう悔しがって、しゃくりあげて泣いていました。

〔カ3〕それで、あなたはどうしましたか？(**開かれた質問**)

〔ク3〕しばらく放っておいたのですが、あまり泣くので「子どもとけんかになるなんて、ダメなお父さんだね」と言ってやって、アイスを食べさせたら、気がすんだのか、息子はケロッとしていましたよ。

〔カ4〕そうでしたか、あなたから見たら親子げんかみたいだったのですね。(**閉じた質問**)

〔ク4〕そう。どういうわけか、この頃、よく言い合いになって、まあ、息子が成長してきたんでしょう。

〔カ5〕お父さんの方はどうなんでしょうかね？(**開かれた質問**)

〔ク5〕大人になりきれない男なんでしょうか、妙に子どもっぽいところが。息子と言い合いになって、本気になってしまって……。

〔カ6〕そのとき、あなたの気持ちはどう動くの？(**開かれた質問**)

〔ク6〕さあ、どうなんでしょう……考えたことがなかったから。

以上、開かれた質問と、閉じた質問、それに対してクライエントが応える形で、面接が展開されている。このような連鎖によって、カウンセラーは、クライエントの心に近づいていく。そういう対話になる。

2）クライエントの質問とカウンセラーの応答の連鎖

クライエントからの質問に、カウンセラーが、その質問の動機というか、出所について気持ちを聞く。

そのような「質問に質問で応じる形の連鎖」も、カウンセリングの重要な流れを形成する。たとえば、次のように。

〔ク1〕カウンセラーさんは、夫と妻の関係について、どのように考えているのかな？　あるべき姿っていうか……。

〔カ1〕それは、いろいろな形というか、関係があるかと思うけど、そういうことが気になっているのね？

〔ク2〕なんか、こういう関係が理想かな、というものがあれば、教えてほしいから。

〔カ2〕そういう考え方もあるかもしれない……理想を求めるっていうか。でも何かに合わせる感じがして、ちょっと苦しいなあ。

〔ク3〕なんか、そういうものがあれば、それに照らして、自分たちのことを考えてみようかと思って。

〔カ3〕なるほど、あなたはご自分の家族のことを、今あらためて考えてみようと思っているのかな。

〔ク4〕そう。でもそれには何か基準のようなものがあるといいかと。

〔カ4〕そうかそうか……うーん、難しいなあ。基準に照らそうということは分かるけど、ねえ……。

〔ク5〕たとえば、でいいと思うけど……。

〔カ5〕そのように考えるのね。それは、どういう気持ちから出てくるのだろうか……。

　以上の例のように、クライエントから質問や希望や要求が出て、カウンセラーが、それに対応する場合がある。しかし、カウンセラーは、質問に直接に応じるというよりも、そのような質問をしたクライエントの気持ちについて、いっしょに考えようとする。

3) クライエントにカウンセラーから提案する場合

同じ相手で、次のような展開。

〔カ1〕じゃあ、いっそ自分の思う理想について、考えるのはどうかなあ。あなたは、どういう夫婦関係がいいと思うのだろうか？

〔ク1〕私はね、……笑っちゃうわよ。結婚する前、考えていたのはね、……ああおかしい。……夫は会社でバリバリ稼ぐの、私は家で子育てを楽しむの……ああ、そうだったのよ、おかしいでしょう？

〔カ2〕そんなことないと思う……むしろ、ほほえましい感じがしている。……その頃のこと思うと、今、どうですか？

〔ク2〕あの頃は、彼は優しかったし、私は彼に、わざと甘えてみせたりして、結構、うまくやってましたね。今から思うと、懐かしいって、いうか……。結婚当時はその延長で、でも、私は子どものことでなんだかんだとあって。なのに彼は、仕事が忙しいって他人事みたいで、そのうち、若くてきれいな部下が入ってきて、頭もいいらしくて、彼がうれしそうに出かけていくのがカチンときて、それからよく、けんかもしましたよ。

〔カ3〕なるほど、妻にとっては子どものこと、夫にとっては職場のことが、頭の中の中心になったということかなあ。

〔ク3〕そうですよ、それが当然。子どもは私の一部ですよ、でも、夫はもともと他人だし、そうでしょう？

〔カ4〕そうですか。その「夫はもともと他人」ということは、あなたの心の中のこと？　それとも、それを実際に言ったのかな。

〔ク4〕そのこと、はっきりは言ってないと思うけど、どうだったかなあ……、でも夫は、その頃から、態度が変わったような気が、今、してきた。

〔カ5〕そう、どんなふうに変わったように思いますか？
〔ク5〕なんか、息子に厳しいというか、邪険にしているような、ときどき、どちらともなく、突っかかるのです。

このようにカウンセリングは、大体においてカウンセラーがクライエントの気持ちを理解し、その理解を伝えながら、さらに、クライエントに気持ちについて尋ね、クライエント自身が自分の気持ちに目を向けるという連鎖になる。そのやり取りを通して、クライエントに"気づき"がもたらされる。

7
「共感」と「同情」の違いを自覚して

簡単に言えば、「共感」はクライエントの感情（喜びや悲しみ）を、カウンセラーが自分の中に取り込んで、クライエントとともに感じることである。

それに対して「同情」は、クライエントの感情（悲しみ、苦しみ）と状況を、外側からみたときにカウンセラーの中から起こるカウンセラー自身の感情である。

その場合、たとえ相手の側への優しさがあっても、こちらの側に起因する感情である。端的に言えば、「同情」は「かわいそうに」という他者の目によって起こる。

一方、「共感」は、他者の感情と状況に分け入って、ともに感じ、それを表現することであり、それによってクライエントは、カウンセラーが自分といっしょに、今ここにいると感じることになる。

◆何か助言しないとならないような流れは

以下の面接場面で、比較してみよう。

〔カ〕あなたの、夫として、奥さんに対する気持ちについて、よかったらもう少し話してみませんか？

〔ク〕ええ、妻には、もう少し優しく、子どもに接してほしいのですが、言っても効き目がない、というか……。かえって、子どもを邪険に扱う始末で、子どもがかわいそうでなりません。

〔カ〕子どもがかわいそう……言っても聞かない、むしろ逆効果になっている、と……。

〔ク〕はい、妻の気性の強さに、ほとほと困っています。

〔カ〕そうですか……。言っても無駄、というのでは、さぞお困りでしょう。お気の毒です。

〔ク〕どうしたらよいのでしょう。いっそ別れてしまった方が、子どもにもよいのかもしれないと……。どうお考えでしょうか？

〔カ〕そうですね。お大変ですよね、本当に。

これは、明らかに「同情」である。

同情は、クライエントの受け身的態度を強め、問題状況を複雑にしていく。このカウンセラーの心には、「そのような母親では、子どもも父親も『かわいそう』だ」という同情の気持ちがある。

こういう面接では、カウンセラーは、何か助言しないとならないような流れに、いつの間にかなっていく。「共感」ではなく、「同情」であるためかと思われる。同情はカウンセラーの気持ちであるから、クライエントにすれば、どうしたらよいかと、カウンセラーの意見を求めたくなる。

◆共感しつつ、クライエントに問いかける

では、次のように対話が進むと、どうだろうか。

〔カ〕あなたの、奥さんに対する気持ちについて、よかったら、もう少し話してみませんか？

〔ク〕ええ、妻には、もう少し優しく、子どもに接してほしいのですが、言っても効き目がない、というか……。かえって、子どもを邪険に扱う始末で、子どもがかわいそうでなりません。

〔カ〕そうですか、あなたが言うことで子どもが邪険にされる……そうですか。で、あなたはどんなふうに言っているのでしょうか？

〔ク〕「もっと、子どもを大切にしてくれ」って言ってます。

〔カ〕そうですか、子どもをもっと大切にしてほしいと要求するのですね。ほかに、どんなことを言いますか？

〔ク〕あまり細かい注意はしないことにしていますから、ほかには何も言っていませんが……。

〔カ〕すると、奥さんはどういうふうに？

〔ク〕すぐに言い返されます。「私だって子どもは大切よ、だから注意したり叱ったりしているのよ。あんたなんか、一日中、外に居るから、私がどんなに大変か、ちっとも分からないのよ」って言われてしまいます。……なんか夫婦の間に風が吹いているみたいで、もう、どうしたらいいか……。

〔カ〕あなたは、仕事で忙しくしているのでしょうか？

〔ク〕ええ、今、会社の中でいろいろ、もめ事があって。疲れ切って帰ると、子どもが泣きっ面で、妻がピリピリしていて……ほんとにもう、参ってしまう毎日で……。

〔カ〕そうですか、あなたも苦しいですね。会社でもいろいろあって

大変な毎日、そういう中で、家では子どもさんのことも、奥さんのことも、いろいろあって、もう本当に困ってしまって。
〔ク〕はい、毎日、どうしたらいいんだ、どうしたらいいのかって。
〔カ〕どうしたらいいか、考えなくてはいけないことが、いろいろあって……辛い、苦しい……。
〔ク〕はい、そういう毎日から逃げ出したいということではないのですが、晩酌の焼酎のお湯割りが日課になって、でも、気がかりがあるから、つい、妻に小言みたいなことを言ってしまう。
〔カ〕晩酌でご自分を慰めているのかしら？（相手は「はい」）そういうときも気がかりがあるから、奥さんに一言、注意している。
〔ク〕ええ、そして口論になって、もう子どもは寝ているからいいのですが……。ああ、妻は「ウチの苦労が分かってない」って文句を言うけれど、私は私で、会社でとても辛い思いをしているのに、こっちの苦労を分かってないって不満があって……。
〔カ〕こうやって、夫婦のやりとりを思い出して話してみて、何か、心に浮かぶものがあったら、探ってみてください。どんな気持ちが今、浮かびますか？
〔ク〕……はい、なんか言い過ぎているかなって。妻も、私の目に見えないところでいろいろ苦労しているのだろう、と、このごろ、あまり話もしてなかったなって、ふと浮かんできました。

◆クライエントに対する偏見が、共感を妨げる

　以上の長い対話の中で、カウンセラーは、クライエントの置かれた状況と立場を理解しようとして、あれこれ尋ね、理解したことの「伝え返し」をしている。

そして、クライエントの気持ちになって、共感しつつクライエントに、問いかける。そのような共感したカウンセラーの応答を通して、クライエントは、いつの間にかカウンセラーが自分の中に入って、いっしょに感じ、考えているような感覚をもつ。そして、自分の心に向き合いはじめる。

　共感が生じるためには、相手に対する、敬愛の心が必要である。相手に対する偏見や評価の目が、共感を妨げる。「こんなつまらないことで迷うなんて、気が知れない」などという思いが湧くと、共感はできない。無理をして共感しようとすると、むしろ、同情になる。

　また、カウンセラーの中の感情をクライエントにかぶせて、投射の心理が働く場合がある。たとえば、自分の家族関係で夫の無理解に困っているカウンセラーの女性が、クライエントの女性の話を聞いて、「分かりますよ、日本の夫たちは身勝手ですよね」などと、一般化された知識を開示する場合、彼女の頭にあるのは自分の夫に対する自分の感情であった。これは、クライエントのことではない。

　あえていえば、クライエントの悩みを通してカウンセラーが、自分の悩みを言っているのである。そうしたとき、クライエントには妙な感じがする。クライエントにとってピントはずれの応答になる。

　　　　　◆自分の不満を、クライエントを使って表現してはならない
たとえば、次のような場合。
〔カ〕子どもに対する父親の態度がとても気になっているのですね。
　　　そういうとき、どんな気持ちになりますか？
〔ク〕バカじゃないのって、思いますよ。それでいて頑固で、頭にきますよ。

〔カ〕なるほど、もう、あきれてしまうのでしょうか?
〔ク〕まあ、そういう気持ちにもなりますよ。
〔カ〕そうでしょう。分かりますよ、分かります。

　この場合、発言に力が入っているのは、カウンセラーの方である。
　クライエントはむしろ、そういえばそうかもしれない、といった同意をしている。このカウンセラーは、自分の夫への不満をクライエントを使って表現している。
　これでは、どちらがカウンセラーか、分からない。問題を複雑化させ、悪化させる心配がある。

8
言い換えと要約

　クライエントの発言を受けて、カウンセラーは、言い換えや要約によって応答する。すると、クライエントは自分の気持ちについて、「要するに、こういうことかなあ」と、振り返ることになる。
　あるいは、自分で別の表現に言い換えたり、自分で要約をしたりする。

1) 言い換えについて
　クライエントの言葉をそのまま受け取って、カウンセラーからクライエントに返すのは、"繰り返し"(反復)である。
　"言い換え"は、これとは違って、クライエントの言った内容を、カウンセラーが別の言葉で伝え返しすることを言う。

つまり、クライエントの表現とは違うカウンセラーの言葉によって、クライエントが話したことのエッセンスが、カウンセラーからクライエントに返されることが、"言い換え"なのである。

　クライエントとカウンセラーとのやりとりの過程は、もちろん、共感的傾聴がベースとなる。

　まず、"励まし（ふんふん、なるほど）"が、クライエントの話すことに手拍子のように響いて、リズムができ上がる。そして、そのクライエントの言葉をそのまま受け取って返す"繰り返し"に重ねて、それに加味するような形で、カウンセラーから"言い換え"の言葉が返される。

◆いくぶんかニュアンスを変えた受け止め方で、言い換える

次の例をみてほしい。

〔ク〕あの、ウチの子は意気地のないところがあって、気になっていますが、園ではどうでしょうか？

〔カ〕お母さんとしては、どんなふうに気になっているのですか？

〔ク〕友だちに強い子がいるから、いじめられていないかと……。

（ここで、「いえ、大丈夫です」と言って終わるカウンセラーも多いかと思われる。だが、カウンセリングを勉強していくと、親の心配に丁寧に対応することによって、次のような展開が可能になる）

〔カ〕ほかの子に強く出られて、言い返せなかったりしていないかどうか、でしょうか。そういうことはないかと思いますが。

〔ク〕自分の気持ちを、はっきり言えているでしょうか？

〔カ〕ええ、そういうことは心配ないと思いますが、お母さんとしては、心配になっているのですね？

〔ク〕はい、この間近所の子でちょっと"ジャイアン"みたいな子がいて、「おい遊ぼうぜ、来いよ」って言われて、Kはのこのこ、ついていったんですよ。困ったなと思ったのですが……。

〔カ〕心配だったのですね、お母さんとしては……。ところで、さっき、「ウチの子は意気地のないところがある」って言われましたが、そうなのですか？

〔ク〕ええ、夫が、「お前は意気地なしだ」って言うものですから。

〔カ〕あら、そうなんですか。でも、そんなふうにお父さんに言われても平気だとすれば、K君は意気地なしじゃなくて、強さがある子じゃないかなあ。

〔ク〕まあそうでしょうか？

〔カ〕そういう面が、あるんじゃないか、と思いますよ。だって、意気地なしっていつも言われていたら、たいがいの子はそうなってしまうかも……。

〔ク〕それは困りますよ……。

〔カ〕そうですよね……。さっき、"ジャイアン"みたいな子といわれましたが、その子は、どういう子なのでしょうか？

〔ク〕わんぱくで、気持ちはいい子のようですが……。でも、あの、ケガでもされたら困りますから、あんまり誘ってほしくはないのです。

〔カ〕そうですか、なんか残念だなあ……あ、ごめんなさい。いま、ふっと感じちゃったんですが、もしかして、お母さんが、気が弱い方なのかと、心配性なのかな、と。

〔ク〕あらあ、言われてしまって。実は、ちょっと、私、臆病なところがあって……。

　　　　　◆クライエントの経験は、相互に接近する経過の中で見直される

　さて、以上、カウンセリングのやり取りが長くなってしまったが、カウンセリングがどういうように展開していくかを知る素材となればと考えて、実際に経験した保育カウンセリングのやりとりを一部、脚色して提示したものである。

　"言い換え"は、クライエントにとって、自分とはカウンセラーの受けとめ方がいくぶん、ニュアンスが異なることに出会う。クライエントは、カウンセラーから少し異なる表現に出会って、その微妙な相違を、自分の中に取り入れようとする。

　そして、カウンセラーもまた、クライエントのようすから、自分の受けとめ方を意識することになる。もう少しクライエントの感覚に近づいて、クライエントの気持ちを理解しようとする。いわば、二人の相互接近の経過の中で、クライエントの経験の見直しが進行する。

2) 要約について

　要約は、比較的長い対話の後に、「ここまでの話はこういうことでしたね」と、まとめて振り返る際に、用いられる。

　1回の面接の途中でも、ちょっと話が混み入ってきたら、そこまでの話のまとめとして、「……こういう話でしたね」と、二人の間のやりとりを簡単に整理してみる。そして、毎回の面接の最後には、「今日は、どういう話し合いであったか」、その概要を"要約"して当日のまとめとする。

　このように要約は、カウンセリング面接の流れを整理する働きをする。要約によって振り返って、面接経過を整理することは、カウ

ンセリングの進行にとって有意義である。

　要約によって、その場で、あるいは家に帰ってから、気づきが起こることが少なくない。また、継続面接の場合、要約によって次回へのつなぎにもなる。

　210ページのカウンセリング面接のシーンは、次のような"要約"によって、結びとなった。

◆要約は、カウンセリング面接の流れを整理する

以下に、概要を示す。

〔カ〕さて、ここまでの話し合いはどうだったかな。どうですか？

〔ク〕ええ、とても、勉強になりました。

〔カ〕そうですか、ええと、今日は、K君が意気地なしじゃないかという、お母さんの心配から始まったのかな。

〔ク〕そうでしたね、振り返ると、なんだか恥ずかしいです。

〔カ〕そして、相手に強く出られると、負けてしまうのではないか、いじめられているのではないか、ということでしたね。で、話し合ってみると、どうだったのかな？

〔ク〕案外、あの子には強さがあるって思いました。

〔カ〕そうでしたね。それなのに。お父さんは心配して、お母さんを心配させるようなことを言っていたようですね。

〔ク〕そうですね。私が心配性というか、気が弱いところがあるから……。

〔カ〕そうなのですか。ああ、そういえばK君は、なんとなくお母さんに似ているかもしれない、元気で力があるのに、ひかえめなところ……。

〔ク〕そういえば夫は、私のことを「出しゃばらないからいい」と言っていたのですよ、むかしは。……それが、あの子が生まれてからときどき、「意気地なしはよくないぞ」って、言い出すようになって。

〔カ〕そうなんですか。強い子になってほしいのかな、きっと。

〔ク〕そうだと思います。自分が何事にも強気でぶつかって引っ張っていくような人だから、子どもにも、そうなってほしいのですよ。

〔カ〕なるほどね……ええと、今日はいろいろ話してくださって、K君のこともよく分かって、参考になりました。

〔ク〕こちらこそ、とても勉強になって、よかったです。なんか気づくこともありましたし……。ああ、そういえば、あの子、大の昆虫好きで、何にでも「虫」をつけるのです。私が、近所の犬を怖がっていて、私のことを「臆病虫だ」って言ったことがあって。「なら、自分はどうよ」って言ってやったら、「少し、お母さんに似たところもあるよ」って、言ってくれましたが。

〔カ〕そう、面白いことを言いますね

〔ク〕で、「お父さんは？」って聞いたら、「イライラ虫」だって……笑わせますよ。

〔カ〕はははは、なるほど、なるほど。すごく賢い子なんだ、感激です。……それじゃあ、お母さんは臆病虫と戦って、お父さんはイライラ虫と戦うのかも。あ、いいですね、なるほどね、それ、いいかも。

〔ク〕じゃあ、Kはどうなのでしょう。

〔カ〕ああ、K君はそのまま、お二人のよいところを選び取ってくれますよ、きっと、そうなっていくのかな。

さて、以上は、カウンセリングにおける"要約"の一例であった。あるカウンセリング・シーンをもとに脚色したもので、これは、次の章の内容につながっていくことになる。

◆クライエントのいろいろな経験を受け入れられる柔軟性

この章までに、カウンセラーがクライエントとどのような関係を構築し、どのようにクライエントの経験に耳を傾け、どう理解を伝えるかという、カウンセリングの方法に関する、もっとも基本となる重要事項を提示し、説明してきた。

ここまでにクライエントは、意義ある自己理解へと歩みを進めることができたと、期待することができる。クライエントは、自分の経験を、今までよりも、あるがままに受け止めるようになってきた。自己概念が否定的にではなく、いろいろな経験を受け入れられる柔軟さをもつようになった。その姿の一端は、部分的に構成した面接シーンの引用の中に、読み取ることができるだろう。

いくつかのクライエントとカウンセラーの間の、あるいは両者の対話の経過にも、カウンセラーがどのように質問し、反映し、理解を伝えているか、そして、その経過の中で、クライエントがどのような微妙な変化を表したかが、示された。

ここまでで、カウンセリングは、それなりの成果を収めていて、ここでカウンセリングの終結にいたるケースも多いのである。

第11章

保育カウンセリングの一歩進んだ技法

　この章は、前の章を踏まえて、クライエントのさらなる自己対面と自己理解を援助するための技法を、紹介する。

　クライエントのさらなる個性実現へと手助けをするため、そして、自分らしい行動の形成へと具体的な道案内をするために、ここまでの基本を踏まえて、クライエントの自己理解への助走から、次のステップへと、積極的な技法を紹介することになる。

　その中では、カウンセラーからクライエントに、示唆や、例示という援助のあり方が示される。

1
カウンセラーの率直な自己開示（ひかえめに、かつ率直に）

　これまでカウンセラーは、ひたすらクライエントの話に傾聴し、どう聴いたかをクライエントに伝えて、クライエントが自分の経験を振り返り、自分の気持ちに目を向けられるよう、いわば、忠実なるもう一人のクライエントのような役割に、徹してきた。

　しかし、カウンセラーが、あたかもクライエント本人であるかのように、クライエントの気持ちに近づこうとしても、自分があるがままの自分であるためには、相手についていくことができない、という葛藤状態に陥る。人として、カウンセラーとして、純粋であるためには、自分の感じ方を押しとどめていることは、苦しい。

　その上、クライエントにとっても、よい状態とはいえない場合が出てくる。カウンセラーが、自分の感じ方を率直に、クライエントに開示するときが、やがてやって来るのである。

　　　　　　　　　◆傷のなめ合いは、同情どうしの産物でしかない
　カウンセラーの自己開示というと、カウンセラー自身の生い立ちや信念を、クライエントに説明することと誤解する人がいる。

　だが、それは、間違いである。もしもカウンセラーが、自分の恵まれた成育経験や健康な心身の状態などをクライエントに開示したなら、クライエントにどう映るだろうか。

　クライエントの中には、カウンセラーが自慢をしていると受け取る人がいるかもしれない。あるいは、羨ましく思って、自分を不幸な生い立ちだと振り返って、悲観的になるかもしれない。あるいは、もっと立派な人間と思い込んでいたのにと、失望するかもしれない。

あるカウンセラーは、クライエントの家族関係の悩みに同情し、「実は、自分も同じような、いやむしろもっと大きな苦労を重ねて今も暮らしている」と告白し、自分の迷いや葛藤についてクライエントに伝えようとした。するとどうだろう、クライエントは「あなたも大変ね」と同情し、迷えるカウンセラーを慰めようとした。

　もはや主客逆転である。傷のなめ合いは、同情と同情の産物であり、明らかにカウンセリングの失敗である。

　カウンセラーの自己開示とは、クライエントに抱いているカウンセラーの印象や疑問を率直にクライエントに提示して、どう受け取るかを聴こうとすることである。あくまでもこの出会いの中での経験の率直な開示のことである。

◆敬愛と配慮をこめた"あるがままの一致の状態"でありたい

　カウンセラーは、あくまでもクライエントとともに歩む。

　その経過の中で、ふと感じる不一致を、
「あなたはご自分を"かわいそうな私"と言う。でも、私にはそのように感じが伝わってこない。むしろ、"いとしい私"というような感じが今、起こっている」
と正直に、自分の受け止め方を表現しようとする。

　カウンセラーは、クライエントと向き合うとき、"あるがままの一致の状態"でありたい。もちろん、相手への敬愛と配慮があってのことであるが。

　カウンセラーの自己開示は、クライエントにとっては意外な、突然のことで、晴天の霹靂となるかもしれない。クライエントは今まで、"共歩き"をしてきた親友から裏切られたように思うかもしれない。そうなってしまった二人の関係は、ここまでの過程でカウン

セラーの過ちがあったのではないか、クライエント側に寄り添うつもりが、クライエント側に巻き込まれていたのではないか、「共感」でなく「同情」に、「寄り添い」でなく「同調」になっていたのではないか、よく考えてみると、そう思えるような事例がある。

もしも不適切な自己開示であれば、カウンセラーの自己開示によってカウンセリングは停滞し、クライエントが去っていく。

◆ "対決"ではなく"率直な自己開示"であること

しかし、幸いなことに、多くの場合、クライエントは立ち直る。これまでのカウンセラーの温かい理解の目が、クライエントの中に生きている。そして、クライエント自身が、自分の中の甘えに気づくことができる。

カウンセラーもまた、これまでのかかわりを振り返って、自分の対応の課題に気づき、クライエントの純粋な心の動きをあらためて信じることができる。ここまでのカウンセリングの過程は、やはり大切なものであったと思うことができる。

このようなカウンセラーの率直な自己開示を"対決"と表現することができる。しかし、対決というと、戦争のような対立関係が連想されるので、そういう誤解を招かないために、本書の中では、対決という言葉を避けて、"カウンセラーの率直な自己開示"という表現を使う。カウンセラーが自分に正直であろうとして、クライエントに温かく、しかしはっきりと、自分はあなたと感じ方が違うと、そう思う気持ちが生まれていると正直に伝え、「このことを、どうあなたは思うか」と、問いかけているのである。

こうしたカウンセラーの率直な自己開示が、クライエントの自己直面化を喚起することが期待される。

"対決"という、カウンセリング心理学の用語は、本来、そのような過程を言い表しそうとしているのである。カウンセラーの自己開示とは、自分の家族の話や自分の出自を語ることではない。

2◇◇◇◇◇
矛盾に気づくように働きかける

　ある園児がなぜか元気がないことから、幼稚園長の依頼でカウンセリング・ルームのカウンセラーが、保護者から話を聴くことになった。
　やって来たのは、きちんとしたみなりの父親であった。彼は礼儀正しく挨拶し、静かに椅子に着き、保育の場での子どものようすを聞いて「少し、厳し過ぎたかもしれません。気をつけます」と丁寧に応じた。カウンセラーは「少しお話をしましょう」と提案し、家庭での子どものようすと、両親の対応について話し合うことになった。
　クライエントの語りが奥さんの子育ての話題になったとき、カウンセラーは、クライエントの表情が少しこわばって、何か無理をしているような、自然でないものを感じた。「妻が……」と言うとき、声に強い響きがあって、子どもについて話すときのやわらかい声質とは、明らかに異なるものであった。
　カウンセラーはそのことについて、「あなたのお話を聴いていて、子どもさんのことを話すときの雰囲気と、奥さんのことを話すとき、なんとなくですが、違いがあるように思ったのですが、どうですか？」と、やわらかく触れた。
　クライエントは、一瞬戸惑いをみせた後、「実は、家内が子育てを好かないものですから」と言って、うつむいた。そこで、家庭で

の家族のようすについて、どうしたらよいか相談できたらよいのだがと、問題解決への意思を表現した。

カウンセラーはここであらためて、カウンセリングについての決まり（守秘義務、時間の約束など）について話し、よかったら、家族のことなど、また話を聴かせてほしいと話して、継続相談が決まった。

◆**クライエントは、自分の中の矛盾に蓋をしている**

カウンセラーは、クライエントの経験と気持ちの動きに耳を傾ける際、何か不自然なものがあると、敏感に反応する。

「子どもは大好きだ」と言うが、「騒がしい声が耳について困る」とも言う。「妻は掃除と洗濯が苦手であるが、ほかはすべて申し分ない」と言った後で、「料理なんか、くえればいいんですからね」とも言う。両方とも本音なのかもしれないし、どちらかが無理をした気持ちかもしれない。人は誰しも、多かれ少なかれ、いろいろな矛盾を背負って生きているものである。

しかし、多くのクライエントは自分の中に矛盾、不一致、葛藤を抱えているものの、それに気づかないように蓋をしている傾向がある。

カウンセリングの主題は、そうした不自然な状態に、まず、自ら気づくように手助けすることにある。クライエントは、自分の問題から逃げずに向き合い、一歩一歩、その解決に取り組むことが必要になっている。そのことに気づく段階にきている。カウンセリングは、クライエントが自らの経験を振り返って、自ら気づくように手がかりを探す役割を、受けもっているのである。

一般に、言葉の内容と声質は一致している。声質には感情が乗っている。言葉の内容には知的な武装があるが、声や表情には、感情が隠しがたく表れる。

あるカウンセラーの話であるが、あるクライエントは妻の子育てについて話しているとき、「妻が子どもに甘すぎて困る、それを思うと悲しいですね」と言う。

しかし、右手が強く握られている。言葉と動作がちぐはぐな感じを受けて、カウンセラーも、手を強く握ってみる。すると、悲しみでない別の感情が動くのを感じる。なんとなく強い気持ちが動く。

カウンセラーは「あなたは、今、右手を握っていますね。その手の力をもっと強く握ってみませんか、……どんな気持ちが浮かびますか？」と問う。

すると突然、クライエントの取り澄ました姿勢が崩れ、妻に対する不満と怒りが、言葉となって表れたという。

このように、クライエントの心に深くかかわることができるためには、そこまでの丁寧なカウンセリング過程によって、クライエントにもカウンセラーにも、準備ができているような、蓄積された関係性が必要である。特にクライエントに対するカウンセラーの温かい受容、共感、自己一致の態度が、じっくりとクライエントに伝わっていることが、不可欠な要件である。

3◇◇◇◇◇
焦点化と意味の反映

1）焦点化

焦点化とは、クライエントの語りがとりとめもなく、漠然と漂ってしまっている状態から、ある特定の話題へ、特定の視点へと向かうことをいう。

クライエントの話は、自然に、関心のあるところに向かうものであるから、クライエントの選ぶ話題に任せることがむしろ基本かもしれないが、ときには、何が問題なのか、何をしたいのかさっぱり分からないままに流れていることがある。そうしたとき、カウンセラーが焦点化を手助けすることができる。

　たとえば、次のように。

〔カ〕さて、ここまでのところ、子どもさんがどんな失敗やいたずらをするのかを話されましたが、そのようなときの表情や、態度はどうなんでしょうか？

〔ク〕いたずらっぽい顔をして、でも、ときどきは「あ、いけない」って顔をするのです。

〔カ〕自分でも気がついている、でも、ついついそうしてしまう、というようなのかしら？

〔ク〕そうですかね、でもいたずら半分って感じです。

〔カ〕なるほど、いたずら心が半分、あと半分は……。

〔ク〕ごめんなさいって感じでしょうか。

〔カ〕ああ、叱られることを分かっているような。

〔ク〕ああ、そうですかね。

◆**面接の自然な流れの中での「焦点化」**

　以上の例では、カウンセラーが子どもの様子について尋ねたことから、母親の関心が子どもの表情、心の面へと「焦点化」されたことになる。表情と、その意味に関する読み取りは、カウンセリングの重要な側面である。

　子どもの中に甘えがあり、母親を引きつけるいたずらなのか、あ

るいは、叱られるのが嫌でもっと褒めてほしいからすねているのか、カウンセリング面接の中で、理解と対応のヒントがつかめるとよいだろう。このような自然な流れの中の「焦点化」が理想であろう。

◆直接的な問いかけによる「焦点化」

次のような、やや直接的な問いかけによって、「焦点化」を図ることもできる。

〔カ〕さて、今のお話では、お子さんの姿が、主にお母さんからみて、困ることというか、子どものマイナス面というか、これでは困るという面がいろいろ出てきましたね。

〔ク〕どうしても、あの子のよくない面に目が行きますね。よい子になってほしいじゃないですか、親として。

〔カ〕そうですね、分かりますよ、親心ですね。

〔ク〕そうですよ。

〔カ〕ところで、何かよい面というか、いい子ねってと思う面が何かないでしょうか。どの子にもその子なりのよさがあるという意見を聞いたことがあるものですから……そういう点では、どうでしょうか。

〔ク〕そうですね、優しい子ですよ、私が肩こりがあって、首を回したり肩を押さえたりしてると、後ろに回って肩を叩いてくれるんですよ。

〔カ〕ああ、いいですねえ、なんか聞いていてうれしくなります。

〔ク〕結構、効くんですよ。

〔カ〕そういうとき、お母さんの顔はどういう顔になっているのかなあ。

〔ク〕さあどうなんでしょう。多分笑っていると思います。

〔カ〕きっとそうでしょうね。幸福な母親の顔でしょうね。
〔ク〕それほどでもないけど……、いい顔でしょうね。

　このように、子どもの好ましい面について語るとき、母親の満ち足りた顔や雰囲気が、カウンセラーに伝わってくる。カウンセラーがそのことをクライエントに伝えると、母としてほぐれる雰囲気が感じられる。おのずと子どもに向ける母のまなざしは、温和なものかと想像される。

　　　　　◆行きづまっている話を「焦点化」でほかへと関心を向ける
　クライエントの話が行きづまっているとき、ほかへと関心を向ける場合にも、カウンセラーから「焦点化」を誘うことができる。
〔カ〕ここまでのお話、お友だちには賢い子が多いかなって思いますが。
〔ク〕まあそうですね、しっかりした子が友だちでないと、困りますから。
〔カ〕なるほど、お子さんがよい影響を受けそうな……。
〔ク〕ええ勉強好きで、リーダー的なところのある友だち……。
〔カ〕ああ、子どもさんによい影響が出てくるでしょうか？
〔ク〕ええそうですね、「朱に交われば赤くなる」っていうじゃないですか。
〔カ〕なるほどね。で、どんなふうに遊んでいるのかな……ごらんになっていますか？
〔ク〕なるべく、わが家に誘うことにしていますから、ときどきようすをみているのですが、たとえば、K君はいろいろ知識もあって、ウチの子をリードしてくれます。

〔カ〕そうすると、お子さんはK君を真似ることもあるでしょうか。
〔ク〕はい、言葉遣いがよくなってきたと思います。
〔カ〕はい、はい、分かりますよ。ところで、ほかの友だちとは、どうなんでしょうか？
〔ク〕私は、できるだけK君と遊ぶように仕向けているのですが、放っておくと、Y君とかとも遊ぶようで。
〔カ〕そうですか、Y君とはどんなようすですか？
〔ク〕よく分かりませんが、けっこう気が合うというんでしょうか、ウチの子が指示したり、されたりして、けらけら笑ってふざけたりしているみたいです。

　　◆子どものいろいろな面に目を向け、いっしょに考えていく
　保護者の関心は、第一にわが子の気がかりな面へ、そして、まわりの子どもたちのようす、特にわが子と比べて望ましい面が目立つ子へと向けられる。従兄弟(従姉妹)よりも祖父母よりもわが親よりもほかの誰よりも、わが子がよい子であってほしい、という願いがある。
　このケースでは、子どもらしさに欠ける面、大人の顔色をみる面とわがままが出る面が、園で気がかりになっていた。
　保護者を動かしている比較の視線が、子どもの伸び伸びとした生き方を阻害しているように、園で感じられる。しかし指摘を受けると、知的には理解できても、感情は受け入れないことが多い。
　カウンセラーとしては、保護者の関心が子どもの肯定的な面にも向かうようになることを、願っている。そして、さらには一人の人格をもつ子どもとして、よさも課題もある、大切な生命を生きる存在として受けとめ、明るくおおらかに、楽しく暮らしてほしいと、

心底から願っているのである。そのためには、目の前の保護者を、よさも課題もある一人の人間として温かく受容するとともに、クライエントとして、子どものいろいろな姿について、そして、家庭のかかわり方について、いろいろな面に目を向けて、いっしょに考えていきたいと、カウンセラーは思っているのである。

漫然としたクライエントの語るストーリーに、カウンセラーとして「焦点化」を手助けする場合、話題の糸口を広くさぐること、そしてクライエントの話題がいろいろな方向へと展開していって、自分の気持ちに気づいていけるよう、自己理解が進むように願って行うことが肝要である。

◆クライエントのこだわりの心に「焦点化」する

焦点を当てる際、クライエントの主訴あるいは主題に、他者に、家族に、カウンセラーに、そして文化・環境的脈絡へと、そのときのクライエントのようすによって選択することになる。

たとえば、「先日の面接で、あなたは自分の気持ちについて話してくれましたね」と、語りかける。あるいは「あなたがこの面接で取り上げたいことはどういうものですか」というように、これからの面接の方向について、考えを尋ねる。

筆者の経験では、クライエントの話題が、近所の主婦やテレビドラマなどへとさまようとき、そのことが気になる理由へと目を向けるようにする。

また、クライエント自身と、クライエントの主題に焦点を当てるようにガイドする。主役は、あくまでも目の前にいるクライエントである。他者に「焦点化」するよりも、そのようなクライエントのこだわりの心に「焦点化」することがよいと思われる。

2）意味の反映

　子どもとクライエントに関する見方や考え方、感情、行動の中に含まれている意味について、クライエントと話し合い、生き方に通じるカウンセリングへと展開する場合に"意味の反映"が重要なものとなる。

　たとえば、一人息子の勉強嫌いへの対応について相談にきた、ある母親の例。子どもを私立の有名小学校に入れることを目標として、勉強させている。そして、将来の教育費を稼ぐためにパートタイマーの仕事も始めたが、子どもも夫ものんきで困ると不満を言う。

〔カ〕今日は、お仕事の予定はないのですか？

〔ク〕大丈夫です。時間を調整してもらいましたし、子どもも家でワークをやっているはずですから。

〔カ〕そうですか、あなたからみてP君のようすはどんなですか？

〔ク〕なんだか、こちらで遊んできて帰ると、ちょっと乱暴というか……あ、元気になったのはいいんですけど、勉強をすぐ投げ出してしまうんです。元気に勉強する子になってほしいんですが……。

〔カ〕はい、元気になってきたんですね。

〔ク〕それはよかったと思うんです。でも……勉強はしてくれません。前は、いやいやでも机に向かっていたのに。

〔カ〕そうですか、今はどんな感じですか？

〔ク〕すぐ、"もうやだっ！"て、家中を走り回るんです。

〔カ〕そうですか。気持ちをはっきり出す、そうですか？

〔ク〕人の気も知らないでのんき過ぎ、夫もすぐ子どもに同調して、私が何のために働きに出ているのか、ちっとも分かってくれない。

〔カ〕あなたにしたら、そう思うんですよね。

　　　　　◆家族の意味、子どもの人生の意味について、話を向ける
　こうして、難しい局面になっている。クライエントの強い思いとがんばりはわかる。他方、子どもが元気になっていることは、カウンセラーにとっても好ましいこと、それに子どもと父親が仲よくなっているようす、これもよしとしたい。さて、どうしたものだろう。
　ここまで3回、子どものプレイと母親面接が行われた。子どもの明るさが戻ってきたことで、父親ともうまくいっているとみられる。
　この母親の心身の健康に問題はないようだから、生き方について、家族の意味、子どもの人生の意味について話を向けてもよいかと思う。
〔カ〕子どもさんが元気でいることについて、お母さんは、どう感じていますか？
〔ク〕はい、よかったと思って、感謝しています。でもちょっと、なんか、ここのプレイって、どういうか……勉強なんかはしてくれないんでしょうね。
〔カ〕勉強はしてくれないだろうって、思うのでしょう。
〔ク〕何となく、そういう感じ。
〔カ〕私たちは、P君がとても賢いことに感心しています。いろいろなアイデアがあって、遊びをつくるのですよ。
〔ク〕知能の方はどうですか。知能検査とか、認知テストなどはしてもらえますか？
〔カ〕そういうことはしていません。P君には必要ないと思います。彼が元気がなかったのは、ご両親と楽しく遊べなくなったからではないでしょうか？
〔ク〕なんか、私が、みんなを困らせているのかしら……困っているのは、私です。

〔カ〕そう、あなたの感じていること、そして困ってもいること、分かる気がします。P君も、お父さんも、そしてあなたも今、とても大切な、考えどころにいるのではないでしょうか。

〔ク〕……。

◆クライエントの自尊心を尊重する心がけが、不可欠

この後、カウンセラーから話を向けて、夫との婚約から結婚へ、一人息子Pの誕生など、家族の歴史を振り返ってもらって、Pの頼もしさが、将来どういう人生を築くだろうかなどと話し合った。

クライエントは、実は気づきかけていたのであった。Pの気持ちも、夫のやさしさも、そして本当は、自分のライバル心で自分自身も家族も困っていたことを。

さて、ここに提示した面接のあらましは、以前のいくつかの相談事例を併せて構成したもので、実際の具体的なものではない。現実の事例には、もっといろいろなバイパスがあり、紆余曲折を経て、自己理解へと、そして行動の自己修正へと進むものである。

カウンセリングは、生き方の自己理解と自己決定にかかわることである。それだけに、クライエントの自尊心を尊重する心がけが、不可欠である。無理をせず、特によく注意する必要がある。

"意味の反映"という技法は、クライエントがすでにもっている考えや、クライエントが気づきかけているがまだ不明確な意味について、それをカウンセラーが受け取って、クライエントに返す技法である。クライエントは、カウンセラーの"意味の反映"を受けて、あらためて自分にとって、そのことの意味に、目を向けることができる。

クライエントの発言には、①その人固有のものの見方や考え方、②その人の気分や情緒など広く感情と呼ばれるもの、③自分の行為の予定や振り返りなどの行動のイメージや、その言語表象が含まれている。そして、それらを総合的に支えるものとして、④その人らしい生き方、生きる意味が、ある。

　カウンセリングは、いうなれば、その人の生き方、つまり人生哲学によって、認知から思考を含む認知的活動、気分から情緒を含む感情の作用、そして、習慣から対人行為を含む行動様式が統合されている姿にかかわり、それをともに考えていくことに、最終目標を置くものである。カウンセリングの究極目標は、「いかに生きるか」にかかっているといってよいだろう。

◆カウンセリングの究極目標は「いかに生きるか」にかかっている

　アメリカの心理学者アイビイ(Ivey,Allen.E. 1933～)は、「意味は、人生経験のオーガナイザーのような働きをする」、そして、「クライエントの言葉と行動を引き出すメタファー(隠喩)となる」とした上で、「しかし意味は、しばしば曖昧な水準に留まっている傾向がある」と述べている。

　複雑化した今日の社会にあって、人々が真に求めていることは、"意味への気づき"をもたらすカウンセリングであると思う。

　人の心に深く温かくよりそうカウンセラーから、「それはどういう意味かな」とか、「それはあなたにとってどうして大切なのでしょうか」とか、「あなたにとって生きるとはどういうことになりますか」などと、開かれた質問によって問われることによって、クライエントが"自分にとっての意味"に気づく、そうしたカウンセリングが、今まさに求められているに相違ないのである。

今日の人と社会にあっては、保育のみらず、どのような分野・領域のカウンセラーであれ、生き方にまでかかわるカウンセリングの力を身につける必要があるかと思う。

　カウンセリングにおいては、開かれた質問を基本として、閉じた質問を補助とする面接がよいと思うが、意味についての質問は、特に、開かれた質問が大切となる。

　もしも「それはこういう意味ですね？」などと、閉じた質問形式で意味を反映した場合は、それが、クライエントの自己理解に実際に触れたかどうかを、よく吟味する必要があるだろう。そして、

「私はあなたの気持ちを理解できていますか？」

「少しずれていますか、どうでしょうか？」

などと後で、開かれた質問で、問いかけたいところである。

　"意味"は、できるだけ開かれた質問によって、クライエントの微妙な表現を待ちながら、じっくり援助したいテーマであるから。

　さて、ここまでが、カウンセリングのもっとも重要な関係性と、機能性を構成するものとなる。

　ここまでの過程が充実したものであれば、カウンセリングは十分に機能性を発揮するに相違ない。ここから、さらにクライエントの自己洞察と、行動の改善の過程へと進むことができるだろう。

4◇◇◇◇◇
心の場の探索と内的モデルの再構成

　カウンセリングは、カウンセラーとともに、クライエントが経験を振り返り、心の中を探索するような心理過程である。

自分についても周囲の人についても、また、仕事や生活についても、その人の見方が変わる過程である。よって、カウンセリングは、経験の認知的再構成を援助する活動であるといえる。このことは、カウンセリングのスキルを取り扱っている多くの研究者が、ひとしく指摘するところである。

◆「自分は何者であるか」を考える枠組みづくりに協力する

私たちに生活の場があるように、生活経験を心の中で汲み上げ、整理する"心の場"というものがあるだろう。そのような"心の場"をじっくりと探索する機会が、今日の加速化と多機能化の社会にあっては、ほとんど失われかけているように思えてならない。これは、著者の持論とするところであるが、おおかたの賛同を得られるのではなかろうか。

著者は、前著『総説カウンセリング心理学』[2008]の中で、カウンセリングの生成過程として、このことについて論述している。

カウンセリングは、クライエントとカウンセラーとの、主に言葉によるコミュニケーションを通して、クライエントの心の中に、「自分は何者であるか」「どこからどこへ行こうとしているのか」を考える枠組づくりにカウンセラーが協力する、そのような人間関係である。

クライエントが、自分の経験を振り返って自分らしく生きる道をつくっていくこと、つまり、自分と世界に関する自分なりの見方、かかわり方、その人なりの自己と環境とのかかわりに関する心の中の枠組みである内的モデルの吟味と再構成を、ともに考えることがカウンセリングであるといえる。

第12章

積極的援助のカウンセリング

1
カウンセリングにおける二つの大きな流れ

　カウンセリングは、相談する人（クライエント）と、相談に乗る人（カウンセラー）との信頼関係のもとで、クライエントが問題の理解と解決の手がかりを得る過程、そのための話し合いが行われる場である。

　カウンセリング心理学は、相談援助のための多くの理論と方法を蓄積しているが、大きく二つの流れがある。

　第一として、クライエントの心の中のわだかまりがほぐれるように、自分の中の矛盾を理解し、それなりの調和を得るように、クライエントの気づきを援助する方法である。

クライエントは、自分の中にいろいろな気がかりを抱えているが、その主たるものは、自分はこういう人間である、こうありたいと願っている、そのような自己像、あるいは、自己概念と現実の経験との不一致に根がある場合が、多いのである。

「子どもに、ついつい、きつく当たってしまう」

「このごろなぜか、夫の話を聞くと、イライラする」

　こうした主訴について、カウンセラーと話し合うことによって、自分の気持ちを整理することが、カウンセリングの主要な目標となる。

　前の章までの説明は、主にこのような方向性、自己理解を主眼としたカウンセリングについて、解説したものである。

　このような自分を振り返る取り組みを踏まえて、この章でとり扱う、カウンセリングのための第二の援助技法を、採用してほしい。

◆クライエントの気持ちの自己理解が進んだ上での、積極的援助

　この章で扱う第二の相談援助、つまり"積極的援助のカウンセリング"とは何か。それは、自己理解を踏まえ主体性を自覚した上で、いろいろな身近な問題にどう、効果的に対応できるかという、具体的な対処を考えるための理論と方法に焦点を当てたものである。

「子どもが、何ごとにも意欲がない」

「何かきっかけをつくりたいが、よい方法はないだろうか」

「園に行くようになってから、元気がなくなったようだ。この子に、どう声を掛けたら、元気な姿が回復できるのだろうか」

「子どもの友だち遊びを支えてやりたいが、どうしたらよいか」

　こうした具体的な問題意識になるべく対応して、援助の手を伸ばしたいという場合に、この第二の流れ、積極的援助の方法を考えることができる。

第二の方法を採用する場合でも、先の第一の流れのカウンセリングによって自分の心をよく吟味することは、とても重要である。

　第一の流れのカウンセリングによって、クライエントの気持ちの自己理解が進んだ上で、この第二の流れの技法を取り入れて、具体的な対処を工夫していくことができる。また、第二の流れのうちの適切な方法を活用してみて、第一の流れに戻って自己を見つめ、自分自身の心の整理を図ることもできる。

　積極的援助の方法といっても、以下に述べるように、いろいろなものがある。どれが適合するかをよく考え、まずはイメージの上で試みて、ようすを見ながら、しかしいったん決めたなら、その影響をよく吟味しながら、継続するように心がけてほしい。また、その理論的背景については、この後の「3　寄りどころとなる基礎理論」に紹介するので、ぜひ、基本的な考え方を参考にしていただきたい。

　その上、クライエントにとっても、よい状態とはいえない場合が出てくる。カウンセラーが、自分の感じ方を率直に、クライエントに開示するときが、やがてやって来るのである。

2◇◇◇◇◇
さまざまなアプローチ

　たとえば、「保護者として子どもにどうかかわることができるか」「子どもの気持ちをどう理解したらよいか」「小さいうちから、よい習慣をつけるよい方法はないか」「子どもの友だちづくりを援助したいが、具体的にどうしたらよいか」。

　そうした要望に応える、いろいろな方法について解説する。

◎さまざまなアプローチ —— ①

身体からほぐす（筋肉運動と自発性と人間交流）

　身体の固い子がいる。ちょっと触れると、分かる。両手を上げてやって手を離すと、ゆっくり、だらりと両手が下がる。動作にリズム感が欠ける。少し歩くと、疲れたと言う。いつもソファーにもたれて、テレビを見ている。あるいは、寝転がって漫画をみている。このような子どもが、多くなった気がする。

　からだとこころは、一体である。からだがでれっとしているとき、こころも張り合いを欠いている。筋肉運動が必要である。たいがいは外に遊びに出れば、自然と筋肉を使うことになるのであるが、最近は、外遊びの場が少ない。

◆**身体を通して、かかわりの場を設定した例**

　かつて、何事にも意欲を見せない子どもがいた。近所の医者に相談したが、どこも悪い所はない。医者は「自由にしておけば、自然に元気になりますよ」と言う。

　ある男子学生が、アルバイトでその子に体育を教えることになった。ナメクジみたいで箸にも棒にもかからないので、思いっ切り強く体を抱きしめ、羽交い絞めにしてみたところ、その子は怒って振りほどこうと力を出してきた。押し込む、たまらず、反発する。

　これはいいぞと思った男子学生は、動きを遊びにして、その子を"おしくらまんじゅう、おされてなくな"に引き込んだ。壁に押し込まれた子どもは、ムキになって反撃してきた。顔を真っ赤にして、目に涙を浮かべながら、押し戻してくる。そこには、負けん気のある男児の姿が、はっきり見えた。そして二人は、寝ころんで笑ったのだという。

身体という交流のチャンネルがある。からだにこころはついて来る。たいがいのプレイセラピーでは、遊具のある部屋で子どものようすを見守り、カウンセラーがごくひかえ目についていく(62ページ)。
　しかし、なかなか子どもの自発的な行動が表れないまま、時間だけが経過することがある。
　紹介した子どもの場合は、男子大学生(体育系サークル所属)が、無理やり押し込んで反発力を引き出し、運動というかかわりの場をつくることに成功した。この子の変化は、このときから顕著であった。
　このことがヒントになって、保護者は、子どもの仲間づくりにも積極的にかかわることになった。身体を通してかかわりの場を設定する、筋肉運動を通して自発性を引き出す。そして、遊びの中で人との交流を学ぶことができるのである。

◎さまざまなアプローチ ── ②
遊びの中で学ぶ自発性と他者とのかかわり
　このように、遊びの場で、ほかの子とかかわりながら、自発性を獲得し、他者とかかわる楽しさを学ぶことができる。
　このごろの子どもについて、マイペース的な傾向が指摘されている。せっかく集まっているのに、みんな手持ちのコンピュータゲームに夢中で、友だち関係とは「傍で勝手なことをしていて邪魔にならない子」という感じになっていることが多い。場を設定し、仲をとりもつ保育者の役割が、今の子どもの社会的成長に、とても大切になっている。だが、保育者任せにしていて、よいのだろうか。
　たとえば、親しい保護者どうしが協力して、それぞれの子どもの友だち遊びの場を設けることが、自然に行われることがある。

そうした場の一コマを、ここに紹介してみよう。

本を読むのが好きな賢い子であるが、保育の場に慣れることがなく、通園を嫌がるようになっている女児が、いた。近所の仲の良い保護者2人に相談したところ、輪番で子どもを遊ばせる日を設けることになり、3人の仲よしチームができた。

このことでその女児は、友だちとのかかわりも、保育の場も楽しめるようになった。女児の母にとっても、よかった。保護者仲間に大らかな婦人がいて、彼女が自分でもよく失敗して笑い、子どもらが失敗しても笑っている人であったことが、いくぶん神経質な母と女児には、よい影響を及ぼしていたと思われる。

◎さまざまなアプローチ ── ③
不安や恐れへの取り組み

不安や恐れは、子どもの心を暗く、閉ざすような作用を及ぼす。まして、年少の子どもは合理的に考えることがまだできず、空想と現実の識別も、まだできない。恐怖心が想像によってさらに大きく広がり、心に重くのしかかるように影響が広がることがある。怖がりが、怖がりを産む傾向がある。

そのため、できるだけ早期に、安心で元気な心に回復できるように、そしてのびのびと生活できるように、機会をとらえて適切に援助する必要がある。楽しいお話や主人公が"弱きをくじく"ような物語、あるいは、想像すると元気が出るような物語を、繰り返し聞かせてやるのもよい。

また、実際に勇気のある友だちや、年長の友だちと仲良くなるように援助するのも、勇気を与える上によいだろう

◎さまざまなアプローチ —— ④
知的活動への取り組み

のびのび、生き生きと興味をもって、少し生意気な自信がもてることが、知的好奇心と知的興味を刺激することになる。

ところが、一度苦手意識が生まれると、このような肯定的条件がすべて萎えてしまって「なるべく見ない、考えない」「早く忘れて、早く逃げ出したい」という心理状態に陥る。

そのように、悪い方に子どもを追い込みながら、「さあ、字を覚えろ」「すぐに計算して」と要求するとしたら、これほど残酷なことはない。深い反省が求められる。

褒めて、教えること。とっても易しい課題から少し易しい課題へと、じわりと進めて、褒める。口だけでなく、頭をなでて、頬ずりして、お菓子をやって、認めてやること。

それから、やや難しい課題を見せて、これができたら、（たとえば）逆立ちしてみせる。そして、「これより難しい課題が、もしもできてしまったら、困る。今夜はご馳走をつくらなくちゃならない。その上の、もっと難しい課題ができちゃったら、もう、降参。お母さん（お父さん）が教えてもらわなくちゃならない！」というような雰囲気づくりこそ、子どもを勉強大好きにするものである。

運動でも同じこと。そうした環境の中から、天才が育つ。実際、他人に教えることこそが、よい勉強になるものである。

もしかして、保育者としては、そのように子どもたちにかかわってはいるが、わが子には、その真逆になるようなかかわりをしてはいないだろうか？　親の性とでも言うべきか。

その親ゆえに、子どもは苦労するのであるが。

◎さまざまなアプローチ —— ⑤
社会的関心と友だちづくり

　子どもが、これからの人生を生きていく上で、もっとも大切な資質は何か。意見の分かれるところかもしれないが、それは、身体の健康と社会的関心による、仲間づくりの能力ではないかと思う。

　これからは、たいがいのことはPC（パーソナル・コンピュータ）や、PCを搭載した携帯情報端末がやってくれる。インターネットで検索すれば、いつ、どこででも、必要な情報を得ることができる。

　よって身体の健康と社会的関心こそ、保育関係者に期待しなければならない。保育の仕事もカウンセリングも、最重要課題は、子どもの社会的関心を育て、仲間づきあいを支えて、温かい人間関係づくりへ、子どもと保護者を援助することであろう。いかがであろうか。

3
寄りどころとなる基礎理論

　心理学、特に、カウンセリングと臨床心理学が、これまでに研究し、実践を経て蓄積してきた人間行動の理論を、一部、概略的に解説する。

◎寄りどころとなる基礎理論 —— ①
感情のコントロール

　怖いという感情は、未知の危険に対して生じる感情で、自分を守る行動（身構える、慎重になる、警戒する、逃げるなど）を惹起する感情であるから、適応的感情であり、一概にダメとはいえない。

しかし、怖がる必要のない事物を怖がって、脅えるようならば、その反応は、楽しく生き生きと暮らす上で、支障をきたすことがある。もしそうであれば、なるべく克服したいものとなる。

◆「怖がる」感情を理解するための三つの経路

原因として、三つの経路がある。

まず、実際に怖い目にあった場合。それでも、「もはや、怖がる必要はない」ということを実感できる経験を反復することが、大切である。怖い印象が緩和できる処置（もう安心だと思える直接経験や観察経験、何か楽しい経験や得意な活動による自己高揚感によって包む、など）が必要になる。

二つめに、親が怖がるようすを見て、怖がるようになった場合が考えられる。その場合、親とともに怖がらないでいられる経験をするようにしたい。お父さんの出番もあってよかろう。

三つめとして、怖がるとみんなが庇（かば）ってくれ、優しくしてくれるなど、よいことがあるから、それで「怖い、怖い」と騒ぐようになったのかもしれない。

いずれの場合も、大きな安心や、楽しみや、自己高揚感などのプラスの感情を十分に経験しながら、ごくごく小さい、弱いマイナス（不快刺激）から漸次（ぜんじ）、大きな不快刺激に対面する経験を重ねることがよい。

この方法を、恐怖を感じるのを系統的に、小から大へと漸次的に減じていくという意味で、「系統的減感作（げんかんさ）（あるいは「脱感作（だつかんさ）」）」（systematic desensitization）という。南アフリカ出身の精神科医ウォルピ（Wolpe, Joseph. 1915 〜 1997）が考えた療法である。

◎寄りどころとなる基礎理論 ── ②
行動形成

　現に可能な、易しい行動を徐々に組み立てていって複雑な行動へと形成していく方法を「行動形成（Shaping；シェーピング）」という。

　これは、「オペラント（自発する）行動」の研究者として知られるアメリカの心理学者スキナー（Skinner, Burrhus F. 1904～1990）の考え方に基づくもので、教育分野での指導原理の一つとなっている。

　たとえば、聞いて意味は理解するが、発音・発語に課題をもつような幼児に「こんにちは（わ）」と発語するように指導する場合。

　目を合わせ、首を下げながら「ううう、わっ」と言う練習をして、それで挨拶ができるようになった段階で「こんんんわっ」へ、その次には「こんんちわっ」へと、順に明確な発話を練習し、ついには「こんにちは」を自由に言えるようになった。もちろん、小さな進歩を大きく褒めて励ましながら、丁寧に少しずつ進めていくのである。

　この例に比べれば、紙飛行機を折る行動形などは、手順を教えて繰り返し練習すれば、小さい子でも容易にできるようになり、保護者に見せれば大いに褒めてもらえ、子どもも保護者も元気に仲よくなれることだろう。

◎寄りどころとなる基礎理論 ── ③
モデリング

　こうしてみよう、次にこうして、それからこうやって、というように実際にやってみせることで、複雑な行動を手際よく教えることができる。やってみせる人をモデル（お手本）といい、観察する人が学習者になる。

このように、モデルを観察することによる影響には、いろいろな面があり、まとめて「モデリング（modeling）」という。

この言葉は、第3章で紹介したように（71ページ）、バンデューラによってもちいられた。モデリングの効果として、次に挙げるような効果があり、保育の場でも、あるいは家庭でも十分に参考にしたいものである。

(1) 誘発効果

母親が手紙を書いていると、それを見た2歳の子が紙をほしがり、文字らしきものを書く。一人が手を挙げると、まわりの数人から手が挙がる。また、けんかが絶えない家庭の子は、すぐに文句を言う傾向がある。このように身近なモデルを見るだけで、類似の行動が誘い出される。これらも、モデリングの所産である。

(2) 促進効果と抑制効果

誰かが手を挙げて、褒められる答えをするのを見ると、ほかの子も手も挙げたくなる（促進効果）。しかし、手を挙げて答えが不正解だと、まわりの子は手を挙げにくくなる（抑制効果）。モデルの行動がプラスの結果を招くのを見ると促進効果となり、マイナスの結果を招くのを見ると抑制効果になる。

(2) 観察学習効果

見て、学ぶ能力は、人間の高次な能力の中でも、特に優れた能力である。誰かの行為がどう行われるか、そのようすを見るだけで、それがどういう結果を導くかを、見ることによって学ぶ。

それには、見た行動の経緯を理解し、脳に記憶し、必要に応じて思い起こし、行動の手がかりとして活用する、高度な認知行動の能力を必要とする。

モデリングは、社会的動物である人間が、他者の行動を手本として学び、かつ、その成果を次の世代に引き継ぐ力になっている。
　モデリングの効果は、よい面もよくない面でも、繰り返し観察することによって、確実に影響力を、もつようになる。保育の場でも、家庭でも、大人も子どもも、一人の子にとって重要なモデルとなる。

◎寄りどころとなる基礎理論 ── ④
認知と行動の相互作用

　モデリングの次に、「セルフ・エフィカシー(self-efficacy)」がくる。この語も第3章でふれたように(72ページ)、バンデューラによって提起されており、「自己効力感」あるいは「可能予期」と訳されている。
　「セルフ・エフィカシー(自己効力感)」とは、ある環境事態に適切な行動によって対応することができるという認識のことである。
　"できる"という予期が十分に高まれば、人は自信を持って行動し、実際に、成功裏にその事態に対処することができる。そして、その予期を確認し、自信を確かにすることができる。
　したがって、行動とその結果に裏打ちされて、「セルフ・エフィカシー」を広く、確かにもっていれば、不安なく、ゆとりをもってその事態を生きることができる。行動が自信をリードし、自信が行動をリードするとも言える。
　何かにつけて否定的考えが浮かび、抑鬱（よくうつ）や、パニックに陥る人がいる。アメリカの精神科医ベック(Beck, Aaron T. 1921～)は、人が過去の失敗を一般化して考えて自分を過小視し、問題を過大視する認知の傾向を修正するために、支持的態度で、ともに認知のあり方を確かめていく、共同経験主義を提唱している。

今日のように、情報が錯綜(さくそう)する社会にあっては、幼い者の保護、保育、養育、教育に持続的にかかわる者には、大きな負荷がかかっている。

　行動と認知の相互作用という視点から、自分なりの"できる気"を育て、気分をリフレッシュすることが、必要になっているように思える。

引用文献◇◇◇

アイゼンク（Eysench,H.J. 1960）、異常行動研究会訳『行動療法と神経症——神経症の新らしい治療理論』誠信書房、1965

アイビイ、福原眞知子他訳編『マイクロカウンセリング——"学ぶ・使う・教える"技法の統合：その理論と実際』川島書店、1985（Ivey, A. E. 1983, Intentional Interviewing and Counseling）

アクスライン（Axline,V.M.）、小林治夫訳『遊戯療法』岩崎書店、1959

アドラー（Adler,A.）、岸見一郎訳『個人心理学講義——生きることの科学』一光社、1996

イーガン、鳴澤實・飯田栄訳『熟練カウンセラーをめざす カウンセリング・テキスト』創元社、1998（Egan,G. "The Skilled Helper"3rd eds, 1986）

ウォルペ Wolpe, J. "Reciprocal inhibition as the main basis psychotherapeutic effects", 1954

オルポート、今田恵監訳『人格心理学 上・下』誠信書房、1968（Allport,G.W. "Pattern and Growth in Personality", 1961）

カーカフ、国分康孝監修、日本産業カウンセラー協会訳『ヘルピングの心理学』講談社現代新書、1991（Carkhuff,R.R. "The Art of Helping Ⅵ", 1987）

スキナー Skinner,B.F. "Science and human behavior" Macmillan, 1953

田上不二夫編著『対人関係ゲームによる仲間づくり——学級担任にできるカウンセリング』金子書房、2003

パールズ（Perls, F.S.）倉戸ヨシヤ監訳、日高正宏・井上文彦・倉戸由紀子訳『ゲシュタルト療法——その理論と実際』ナカニシヤ出版、1990

バンデューラ（Bandura,A.1971）、原野広太郎・福島脩美訳『モデリングの心理学——観察学習の理論と方法』金子書房、1975

バンデューラ(Bandura,A.1977) 原野広太郎監訳、福島脩美・根本橘夫・加藤元繁・西沢芳江訳『社会的学習理論——人間理解と教育の基礎』金子書房、1979

フロイト (Freud,S. 1933/1964, New introductory lectures on psychoanalysis. In Standard editio；Vol.22)

ベック、大野裕訳『認知療法——精神療法の新しい発展』岩崎学術出版社、1990 (Beck, A.T. "Cognitive Therapy and the Emotional Disorders", 1976)

福島脩美『総説カウンセリング心理学』金子書房、2008

福島脩美『マイ・カウンセラー ——わが内なる者との対話』金子書房、2010

福島脩美『相談の心理学——身近な人のよき理解者・助言者となるために』金子書房、2011

マズロー(Maslow,A.H. 1950) 小口忠彦監訳『人間性の心理学』産能大出版部、1971

村上宣寛・村上千恵子著『臨床心理アセスメントハンドブック』北大路書房、2004

ロジャーズ (Rogers,C.R. 1980) 畠瀬直子監訳『人間尊重の心理学——わが人生と思想を語る』創元社、1984

ロジャーズ (1942)、末武康弘・保坂亨・諸富祥彦訳『カウンセリングと心理療法——実践のための新しい概念』(ロジャーズ主要著作集1)、岩崎学術出版社、2005

Rogers,C.R. "The Necessary and Sufficient Conditions of Therapeutic Personality Change" Jounal of consulting psychology,21.95-103. , 1957

Rogers,C.R. "A Theory of Therapy,Personality,and Interpersonal Relationships: As Developed in the Client-centered Framework." In S.Koch (Ed.),Psychology：A study of a science (Vol.3) .New York: McGraw-Hill., 1959

参考文献◇◇◇

内山喜久雄『行動療法』(講座サイコセラピー 2) 日本文化科学社、1988

大竹直子『やさしく学べる保育カウンセリング』金子書房、2014

柏女霊峰・橋本真紀『増補 保育者の保護者支援——保育相談支援の原理と技術』フレーベル、2010

鯨岡峻『保育・主体として育てる営み』ミネルヴァ書房、2010

倉戸ヨシヤ『ゲシュタルト療法——その理論と心理臨床例』駿河台出版、2011

ドライデン、ミットン(Dryden W., Mytton J.)、酒井汀訳『カウンセリング——心理療法の4つの源流と比較』北大路書房、2005

佐治守夫・飯長喜一郎『ロジャーズ クライエント中心療法』有斐閣新書、1983

佐藤方哉『行動理論への招待』大修館書店、1976

清水幹夫「クライエント中心カウンセリングのプロセス」、福島・田上・沢崎・諸富編『カウンセリングプロセスハンドブック』金子書房、2004

田畑洋子「親カウンセリング——親と子どもの育ちへの支援」、『子育て支援と心理臨床 vol.8』、福村出版、2014

玉瀬耕治『カウンセリング技法入門』教育出版、1998

林邦雄・谷田貝公昭監修、青木豊編著『障害児保育』一藝社、2012

林邦雄・谷田貝公昭監修、髙玉和子・和田上貴昭編著『相談援助』一藝社、2012

林邦雄・谷田貝公昭監修、髙玉和子・和田上貴昭編著『保育相談支援』一藝社、2012

深谷和子『遊戯療法——子どもの成長と発達の支援』金子書房、2005

福島脩美・松村茂治『子どもの臨床指導——教育臨床心理学序説』金子書房、1982

福島脩美『カウンセリング演習』金子書房、1997

福島脩美編著『教育相談による理解と対応』(子どもをとりまく問題と教育15)、開隆堂出版、2003

福島脩美・田上不二夫・沢崎達夫・諸富祥彦編『カウンセリングプロセスハンドブック』金子書房、2004

福原眞知子、アレン・E・アイビイ、メアリ・B・アイビイ『マイクロカウンセリングの理論と実践』風間書房、2004

楡木満生・田上不二夫編『カウンセリング心理学ハンドブック上巻』金子書房、2011

ロジャーズ (1951)、保坂亨・諸富祥彦・末武康弘訳『クライアント中心療法』(ロジャーズ主要著作集2)、岩崎学術出版社、2005

Jess Feist; Theories of Personality Holt-Saunders International Editon.1985

【著者紹介】

福島 脩美（ふくしま・おさみ）

博士（心理学）、1937 年生まれ
東京学芸大学名誉教授
目白大学名誉教授
日本認知・行動療法学会名誉会員
日本カウンセリング学会会員

［主要著書］
『子どもの臨床指導 ── 教育臨床心理学序説』（共著）金子書房、1982
『カウンセリング演習』金子書房、1997
『教育相談による理解と対応』（編著、「子どもをとりまく問題と教育 15」）
　　開隆堂出版、2003
『カウンセリングプロセスハンドブック』（編著）金子書房、2004
『自己理解ワークブック』金子書房、2005
『総説カウンセリング心理学』金子書房、2008
『マイ・カウンセラー ──わが内なる者との対話』金子書房、2010
『相談の心理学 ──身近な人のよき理解者・助言者となるために』金子書房、
　　2011

保育のためのカウンセリング入門

2015年8月25日　初版第1刷発行

著　者　福島　脩美
発行者　菊池　公男

発行所　株式会社　一藝社
〒160-0014　東京都新宿区内藤町1-6
Tel. 03-5312-8890　Fax. 03-5312-8895
E-mail : info@ichigeisha.co.jp
HP : http://www.ichigeisha.co.jp
振替　東京 00180-5-350802
印刷・製本　シナノ書籍印刷株式会社

©Osami Fukushima　2015 Printed in Japan
ISBN 978-4-86359-101-1 C1037
乱丁・落丁本はお取り替えいたします

一藝社の本

子ども学講座 ［全5巻］

林 邦雄・谷田貝公昭 ◆監修

《今日最大のテーマの一つ「子育て」──
子どもを取り巻く現状や、あるべき姿についてやさしく論述》

1 子どもと生活

西方 毅・本間玖美子 ◆編著

A5判　並製　224頁　定価（本体1,800円＋税）　ISBN 978-4-86359-007-6

2 子どもと文化

村越 晃・今井田道子・小菅知三 ◆編著

A5判　並製　224頁　定価（本体1,800円＋税）　ISBN 978-4-86359-008-3

3 子どもと環境

前林清和・嶋﨑博嗣 ◆編著

A5判　並製　216頁　定価（本体1,800円＋税）　ISBN 978-4-86359-009-0

4 子どもと福祉

髙玉和子・高橋弥生 ◆編著

A5判　並製　224頁　定価（本体1,800円＋税）　ISBN 978-4-86359-010-6

5 子どもと教育

中野由美子・大沢 裕 ◆編著

A5判　並製　224頁　定価（本体1,800円＋税）　ISBN 978-4-86359-011-3

ご注文は最寄りの書店または小社営業部まで。小社ホームページからもご注文いただけます。